길 위의 삶,
    길 위의 화두

길 위의 삶, 길 위의 화두

김광하 지음

운주사

서문

삼보에 귀의합니다.

불교는 세월의 흐름에 따라 다양한 변화를 거쳐 왔습니다. 그러나 어느 종파건 욕망을 성찰하고 모든 생명에 자비를 베풀라는 석가모니 부처님의 가르침에 이르러서는 한결같습니다. 『법구경』이나 『잡아함경』 등 초기 경전일수록 부처님은 자비와 보시를 강조하며 인색함을 넘어서기를 가르칩니다. 특히 이 땅에 전해진 대승불교는 더욱 이 자비를 강조하고 있습니다.

　국가나 개인의 부는 증가하고 있지만, 빈부의 차이는 점점 심해지고 있습니다. 빈부의 차이가 심해지는 현실을 사회경제적으로 극복하는 것도 중요하지만, 가난하고 힘든 이들에게도 사랑과 자비가 넘치는 세상을 만드는 것 또한 그에 못지않게 중요하다고 생각합니다. 가난이 두려워 가장이 자식을 데리고 함께 자살하는 사건이 자주 일어나고 있습니다. 가난도 문제이지만 어려울 때 아무도 내 자식을 돌보아주지 않을 것이라는 두려움이 자식마저 죽음으로 내모는 것은 아닐까요?

지금은 신자유주의적 자본주의가 세계화를 주장하며 온 세상에 정치적인 힘을 행사하고 있습니다. 이에 따라 세계 곳곳에서 이에 반대하는 운동이 벌어지고 있습니다. 자본주의나 사회주의 어느 이념이 부와 복지를 선하게 창출하는지 논하는 것은 이 책의 주제가 아닙니다. 그러나 어느 세상이 사랑과 우정, 가난한 자에 대한 자비를 존중하는 체제인지 물어야 합니다. 세상을 살면서 마음을 성찰하는 일이 없으면 어떤 사회라도 아직 성숙한 사회라고 할 수 없습니다.

2,500여 년 전 부처님께서 이미 인색함을 경계하고 보시와 자비를 강조했던 것을 볼 때, 가난한 사람에 대한 인색함과 무관심이 어제 오늘의 문제가 아님을 알 수 있습니다. 인색함과 무관심 속에는 무엇보다 두려움이 감추어져 있다고 부처님은 말씀합니다. 가난과 소외의 고통은 기부나 나라의 복지로 어느 정도 해결할 수 있겠지만, 인색함과 두려움은 좀더 근본적인 성찰로 풀어야 할 화두라고 생각합니다.

부처님의 가르침에는 사랑과 자비를 실천할 수 있는, 세상과 인간에 대한 근본적인 성찰이 담겨져 있습니다. 이 책에는 재가불자로서 살아가는 한 사람의 고민과 수행 이야기가 담겨져 있습니다.

먼저 이 책의 첫째 마당 '부처님을 찾아서'는 역사 속에서 살아 있는 부처님의 삶과 그분의 가르침을 생각하며 쓴 글입니다. 부처님의 가르침을 당대 현실 속에서 이해하려는 것은 오늘의 현실 속에서 불자로서 살아야 할 당위를 묻기 위해서입니다. 현재에 대한 관심이 곧 과거를 다시 보게 하기 때문입니다.

둘째 마당 '불교 에세이'는 필자가 그동안 틈틈이 현실을 대하면서 불자의 입장에서 일어나는 여러 생각을 모은 글입니다. 현실의 여러 갈등을 만날 때 불교적인 인식과 판단은 무엇인지 필자 스스로에게 묻는 글입니다.

셋째 마당 '경전을 읽으며'는 인색함, 무관심, 사랑과 자비에 대한 부처님의 가르침이 담긴 경전을 소개하고 필자의 단상을 붙였습니다. 경전 중에서도 특히 구체적 현실이 드러나 있는 경전을 모았습니다. 독자들은 세상과 인간에 대해 부처님께서 어떤 통찰을 가지고 있었는지 볼 수 있을 것입니다.

넷째 마당 '수행 한담'과 다섯째 마당 '불자로서 살아가기'는 수행에 대해 필자가 가지고 있는 생각과 주변 현실에 대해 필자가 느낀 것을 각각 모은 글입니다.

필자는 부처님이 살았던 당대 현실 속에서 부처님을 이해할 때, 부처님의 가르침이 우리 자신을 비추어보는 거울이 될 수 있다고 생각합니다. 부처님의 가르침을 실제 삶과 사건 속에서 이해할 때, 대승大乘불교의 가르침이나 중국에서 일어난 선불교禪佛敎를 소중한 깨달음의 경험으로 받아들일 수 있습니다.

이 책은 2002년부터 인드라망 생명공동체에서 발행하는 격월간지 『인드라망』에 1년 반 동안 연재한 글과 그 후 『불광』이나 여타 불교 언론지에 실은 글 등 지금까지 필자가 쓴 글들을 모은 것입니다. 이 기회에 원고 매수의 제한으로 다 말하지 못한 부분을 모두 실었습니다.

　필자는 학문과 수행이 부족한 사람이라 쓴 글이 변변치 못합니다. 다만 부처님의 말씀을 현실과 인간의 삶 속에서 모색하려는 일반 독자나 불자들에게 조금이라도 생각할 거리를 준다면 필자로서는 더없이 다행한 일입니다.

　그동안 함께 필자의 글을 읽으며 탁마와 교정을 해준 여러 도반들께 감사드립니다.

　끝으로 이 책을 세상에 내주신 운주사 김시열 사장님께 감사를 드립니다.

2007년 7월 '사명당의 집'에서
여운如雲 김광하 합장

서문 · 5

첫째 마당 부처님을 찾아서

부처님의 출가동기 · 14

출가 후 7년, 부처님의 세상보기 · 24

태어나고 죽는 무상의 진리를 어떻게 볼까? · 48

연기법의 진리는 우리 삶에 어떤 의미가 있나? · 55

역사 속에서 경전 읽기 · 71

아난존자의 수행 · 87

금강경이 전하는 수행과 깨달음 · 111

둘째 마당 불교 에세이

부처님께 귀의한다는 것 · 126

이라크 전쟁과 걷기 명상 · 133

불교는 죽음을 어떻게 바라보나? · 145

부처님의 스승들 · 153

붓다와 노숙자 · 158

셋째 마당 경전을 읽으며

웃비리 비구니 이야기 · 172

나무를 심는 사람들 · 176

간인경을 읽으며 · 181

2,500년 전의 노블리스 오블리제 · 187

마음 출가 · 191

법보시와 재보시 · 196

부처님께 왕이 되어 살생을 막아달라고
청하는 젊은이 · 202

넷째 마당 수행 한담

마장 · 210

그거 다 말마디다 · 215

홍 거사님께 · 220

무위당 이원세 선생님 · 223

포대화상 개뼈다귀를 팔다 · 229

조주 선사의 상다리 · 233

노 거사와의 문답 · 239

천 길 낭떠러지에서 손을 놓다 · 242

다섯째 마당 | 불자로서 살아가기

노숙자와 인문학 · 254

여수화재참사와 외국인노동자 · 258

불교신자의 감소 · 262

종로3가에서 · 266

불교단체의 봉사가 남다른 점 · 270

무재삼시無財三施 · 274

첫째 마당

부처님을 찾아서

부처님의 출가동기

실업자에 대해 걱정하는 목소리가 높습니다. 우리 사회에 실업자가 백 만 명이 넘는다고 하는데, 어떤 이는 실재로는 이보다 훨씬 더 많다고 합니다. 일주일에 단 하루라도 일했으면 실업자 통계에서 빼기 때문입니다. 대학졸업자도 취업을 위해 별도로 과외수업을 받는다고 하니 실업문제의 심각성을 짐작해볼 수 있습니다. 취직을 위해 경쟁력을 갖춰야 한다고 말하는데, 취업을 단지 개개인의 경쟁력이나 학력의 문제로만 몰아가는 것이 과연 옳은 것인지도 따져 보아야 합니다.

어느 누구도 학력을 가지고 태어나지 않습니다. 노자老子께서도 상덕은 덕이 아니니 이런 까닭으로 덕이 있다[上德不德 是以有德] 고 했습니다. 덕을 꾸미지 않을 때 참다운 덕이 나타납니다. 학문과 도덕이 명예와 부귀를 얻는 수단이 되고, 자기보다 못한 사람을 밟고 서는 무기가 되어서는 안 된다고 비판하는 노자의 말씀은 지금도 살아서 우리 가슴을 울립니다.

서두가 길어졌습니다.
제가 여기서 하고 싶은 이야기는 부처님의 출가 전 학력과 그분의 문제의식, 즉 출가동기에 관한 것입니다. 부처님께서는 29살에 출가하셔서, 35살에 그분이 가진 고민에 대해 깨달음을 얻었다고 알려져 있습니다. 사실 그분이 6년간 무엇을 하셨다는 기록도 그리 자세한 것이 없으며, 또한 29살까지 무엇을 하셨다는 기록도 필자가 과문한 탓인지 자세히 알려지지 않고 있습니다. 29살이면 지금 생각해도 적은 나이가 아닙니다. 나름대로의 세계관과 인생관이 형성되고도 남음이 있는 나이라고 할 수 있습니다. 불자로서 부처님께서 고민하시던 문제나 깨달음도, 29살까지의 행적을 깊이 이해할 때 좀더 가까이 볼 수 있지 않을까요? 출가 전의 문제의식이 좀더 분명히 밝혀질 때, 6년간의 수행과정과 깨달음도 일관성 있게 이해될 수 있을 것입니다.

부처님의 사유방식

『쌍윳따니까야』 등 초기 경전을 보면, 부처님은 출가하셔서 알라라

칼라마와 웃다까 라마풋타 등 기존 바라문교를 거부하는 새로운 사상가들에게서 배웠습니다. 부처님은 전통적인 도덕을 거부하고 새로운 길을 찾아 나선 수행자였던 것입니다. 그러나 그분들에게서 만족을 얻지 못하여 결국 혼자서 수행을 하게 됩니다. 그래서 우선 고행을 직접 해보았으며, 결국 고행의 무익함을 본 후 고행을 포기하고 음식을 들며 조용히 사색을 시작하였다고 합니다. 그런데 『쌍윳따니까야』(제3권 14쌍윳따 네 번째 품, "이전에"경과 제6권 2장 쌍의 품)*에는 조금 놀라운 이야기가 있습니다.

부처님께서 모든 고행을 포기하고 조용히 사색을 하는데, 그것이 이미 출가하기 전에 스스로 생각하던 것이라고 말씀하신 것입니다. "수행승들아, 나는 출가하기 전에 고통이 어디서 비롯되었는가 생각하기 시작하였으며 그 원인을 묻기 시작했다."

당신께서 스스로 겪은 고통을 차례차례 살펴서 그 원인을 하나하나 추구할 때, "드디어 나에게는 눈이 생기고 앎과 봄이 일어났다."고 합니다.

부처님께서 행하신 이러한 사색의 과정을 불교에서는 연기법이라고 합니다. 사유를 통하여 원인을 찾아나가는 연기법은 출가 뒤 6년간의 고행과 여러 스승에게서 배운 방식이 아니고, 오히려 당신께서 출가 전에 스스로 사유하던 방식, 즉 사물의 생성과

---

* 이하 본 책에서 『쌍윳따니까야』의 언급 및 인용 부분은 모두 전재성 역주, 한국빠알리성전협회 발행, 우리말 『쌍윳따니까야』를 기준으로 한 것입니다.

그 원인을 묻는 사색이었다는 것이고, 그래서 마침내 고통에서 벗어나는 길을 찾아냈다고 경전에서 부처님 스스로 말씀하신 것입니다.

출가 전 석가족 왕자의 신분과 주변상황

그러면 부처님은 출가하기 전 29살에 이르도록 무엇을 하시고 무엇을 보셨을까?

그분의 직업(?)은 다 아시다시피 왕의 아들이니 장차 왕위를 계승할 신분, 즉 왕세자였습니다. 독일의 한 학자가 당시의 역사를 연구한 바에 의하면 부처님의 나라 카필라국은 작은 공화정의 나라이며, 그 무력이나 재력이 변변치 않았다고 합니다.

역사적으로 보면 B.C. 7~5세기 경 부처님께서 계실 때, 갠지스강 유역은 7개국에서 2개국으로 줄어가는 약육강식의 전쟁의 시대였습니다. 폭력과 살생, 약탈이 전쟁의 이름으로 국가 간에 빈번히 일어나던 시기였습니다. 초기 경전에 보면, 왕들은 전쟁과 국방을 위하여 코끼리부대, 전차부대, 기마부대와 보병부대를 두고 있다고 기록되어 있습니다. 국가 간에 전쟁이 심하여 다양한 폭력수단이 상당히 발달되어 있었던 것을 볼 수 있습니다. 따라서 약소국의 상황이나 미래는 매우 불안한 시기였습니다. 이 시기에 관해 설명한 역사서들을 보면, 나라마다 왕들이 군비를 강화하기 위해 백성들을 어떻게 부렸는지 잘 보여주고 있습니다.

당시 전제 군주가 백성에게 가한 압제를 보면, 필요할 때마다 갖가지 방법으로 세금을 빼앗는 것은 물론이고, 토지도 자기 소유라고 하면서 모든 생산수단을 손아귀에 넣었습니다. 법에 의한 결정은 하지 않고, 뇌물에 의해 재산을 불리고 재물을 탐하는 등, 흉악하고 난폭하기가 그지없었습니다. 농민은 강제노동으로 혹사당하였고, 주민들은 아예 자기의 직업을 버리고 왕을 위하여 농업이나 공업의 노역에 종사하였습니다.

백성들은 국왕을 도적에 비유했습니다. 백성들이 촌락을 버리고 국경지방으로 도망쳤기 때문에, 수도는 텅 비게 되고 국경지방에는 인구가 증가하게 되었다고 합니다. 비구, 비구니의 게송을 모아놓은 『장로게경』과 『장로니게경』에는 이러한 국왕의 학정과 도적의 피해로부터 목숨을 구하기 위해 출가하는 일이 많았음을 보여주고 있습니다.

비슷한 시기에 중국에도 같은 상황이 있었습니다.

춘추전국시대春秋戰國時代, 특히 전국시대가 더욱 살상과 백성의 고통이 가혹하였습니다. 그것은 춘추시대와는 달리 전국시대에는 많은 백성이 보병부대로서 직접 전투에 동원되었기 때문입니다. 약소국은 언제나 강한 나라의 무력과 폭력 앞에 그 생존이 위협받고 있으며, 전쟁의 과정에서 백성이 당하는 약탈·살육·부역은 필설로 표현하기 힘든 고통입니다. 멀리 갈 것도 없이 우리 민족이 바로 6·25전쟁 때 살해·행방불명·부역·기아에 고통 받은 그 당사자입니다.

부처님 살아생전에 이미 석가족은 이웃 나라와의 전쟁에 모두 살육을 당했습니다. 전쟁이 나면 맨 먼저 죽음의 위협에 노출되는 계층은 말할 것도 없이 패배한 나라의 지배계층입니다. 특히 왕족을 몰살시키는 것은 혹 살려두었다가 나중에 반란을 일으킬까 우려했기 때문입니다. 당시 카필라국의 왕세자였던 29세의 청년 싯다르타에게는 이러한 세상의 잦은 전쟁이 석가족인 자신과 약소국인 자기 나라의 미래에 무엇을 의미하는지, 누구보다 잘 알 수 있는 위치에 있었다고 볼 수 있습니다.

출가 전 부처님의 이력

다시 돌아가서, 당시의 역사적 상황에서 왕세자는 전통적으로 무엇을 하고 지냈을까?

당시의 수명으로 본다면 29살은 벌써 중년에 가까운 나이입니다. 이 질문은 29살까지의 부처님의 일상을 해명하는 데 매우 중요한 작업입니다. 학자들이 연구한 바에 의하면, 당시 왕세자가 해야 할 일은 왕을 보좌하여 정치와 외교를 배우는 것이었다고 합니다.

우선 부왕을 따라 여러 나라에 외교사절로서 따라 갑니다. 그래야 나중에 왕위를 이어받을 때, 이웃나라와 외교관계를 일관되게 유지할 수 있기 때문입니다.

다음으로 왕세자가 해야 할 일은 다음 대를 이어갈 왕으로서 정치를 배우는 것입니다.

당시 정치의 중요한 부분은 지금도 그러하듯, 국방·납세·질서유지를 위한 법집행 등입니다. 특히 국방, 즉 무력을 보유하고 정치질서를 유지하는 것은 왕으로서 매우 중요한 의무입니다. 기록에 의하면 석가족은 크샤트리아라고 하는 무사계급이었습니다.

부처님은 이러한 계급의 일원으로서 활이나 칼 등, 무력을 써서 생명을 제압하거나 살해하는 기술을 배웠다고 경전에서 말하고 있습니다. 당대의 인도역사가 보여주듯, 전쟁은 코앞의 일이었습니다. 따라서 무술을 배우는 것은 당장 내일 나가서 상대방을 때리고 죽여야 하는 절박한 현실이었던 것입니다.

국방과 외교·전쟁·무술 등은 국가와 왕권을 유지하고 지키기 위해서 왕세자로서 일반적으로 익혀야 하는 학습내용이었습니다.

당시의 왕은 법에 대해서도 지식을 갖추어야 했습니다.

『쌍윳따니까야』(제3쌍윳따 코살라품)에 보면 왕이 재판석에 앉아 있는 내용이 나옵니다. 재판에 왕이 관여하였던 것입니다. 또 숫타니파타 제2장 "비린 것"품에는, 고기를 먹는 육식에 대한 말이 나옵니다. 부처님 당시 출가자는 탁발을 할 때, 재가자가 주는 대로 얻어먹었습니다. 재가자가 생선을 주면 그대로 받았습니다. 지금처럼 음식을 출가자가 선택해서 먹는 것이 아니라, 얻어먹는 탁발의 삶이었기 때문입니다. 그러나 부처님은 비린 생활은 고기를 먹는 데 있는 것이 아니라, 법정에서 위증을 하거나, 밀고를 하고 빚을 갚지 않는 것 등이라고 말씀합니다. 부처님께서 송사와 법률에 관한 지식을 가지고 있다는 것을 보여주는 사례입니다. 부처님께서 승단을 유지하는 계율을 제정하면서 자세하면서도 유연할 수 있었던 이유는, 왕자로 있을 때 습득한 법에 대한 지식이 있었기 때문이라고 볼 수 있습니다.

왕은 또 종교의식 집행에도 참석하고 그 실행에 책임이 있습니다. 당시 기록에는 국가적 사제계급인 바라문들이 제사를 많이 지냈다고 합니다. 요사이로 말하면 대통령과 나라를 위한 기도 혹은 제사인 셈입니다. 왕은 이런 제사에 물질적인 후원, 즉 공양물과 희생물을 내 놓아야 했습니다. 『쌍윳따니까야』에는 제사에 살육되는 짐승의 수가 어마어마하게 많아서, 제사를 준비하는 하인들이 두려움과 슬픔을 느끼는 기록이 있습니다. 『숫타니파타』 제2장 "바라문다운 것"의 품에 보면, 당시 바라문은 제사의식을 이용하여 엄청나게 많은 짐승을 죽이고 왕에게 공양물을 바치게 하여 자신의 재산을 늘리고 있었습니다.

이에 대해 부처님께서는 바라문의 역사를 설명하시며 그들의 타락을 강하게 비난합니다. 이러한 비판도 부처님 자신이 출가 전에 겪은 제사에 대한 체험과 자신이 이미 학습하신 종교(베다)에 관한 지식과도 무관하지 않을 것입니다. 제사를 통하여 공덕을 쌓아나가는 것을 쾌락주의로 인식하셨고, 출가 후 행하셨던 고행을 또 하나의 분별없는 무익한 수행으로 판단하신 부처님은, 진리를 깨달으신 후 맨 먼저 중도中道를 말씀하셨던 것입니다.

부처님의 출가 전 이력을 역사적으로 보면, 부처님은 약소국의 왕세자로서 국제관계에 상당한 지식을 보유하는 위치에 있었으며, 한편으로 전통에 따라 정치·군사·법률 등을 학습하였다고 보여집니다. 이러한 직무를 감당하기 위하여 법률·외교·전쟁·수학·논리학·종교·천문학 등을 배웠습니다.『과거현재인과경』에 이러한 학문 목록이 상세히 기록되어 있습니다.

진실로 놀라운 것은 29세의 싯다르타는 자기가 배운 학문을 이용하여 자기 나라를 부강하게 만드는 길을 포기하고, 폭력과 미움·증오·탐욕·쾌락·소유 등 세상과 인간의 고통을 자신의 문제로 받아들였다는 것입니다. 그리하여 여러 스승을 찾았으며, 스스로 가장 낮고 고통스러운 탁발 수행자의 길을 선택한 것입니다. 청년 싯다르타의 선택에 저절로 머리가 숙여집니다.

2,500여 년이 지난 지금도 불교경전을 읽는 사람이면 누구나

느낄 수 있듯이, 욕망과 고통에 대한 부처님의 깊은 이해와 논리적인 설득력은 부처님이 처한 당대의 현실이 세상의 보편적인 고통을 담고 있었기 때문에 가능했던 것 아닐까요?

　고통의 조건을 관찰하고, 그 원인을 차례로 성찰하며 인간의 욕망과 미움·분노·슬픔·폭력 등에서 벗어나는 해탈의 길을 가르치신 부처님은 이미 출가 전에 그러한 문제의식과 사색의 태도를 가지고 있었음을 알 수 있습니다.

출가 후 7년, 부처님의 세상보기

부처님의 일생을 대략 줄이면, 왕자로서 계시다가 결혼하여 아들 라훌라를 낳고는 29살에 출가하십니다. 출가 뒤 6년간 선정과 고행을 새로운 사상가들에게서 배웁니다. 그러나 여기서 만족하지 않고 네란자라 강 언덕 보리수 밑에 홀로 앉으셔서 드디어 깨달음을 이루십니다. 이때가 출가 후 7년 째 되는 해입니다.

부처님께서 얻으신 깨달음은 과연 무엇에 관한 깨달음일까? 물론 저희 같은 범부가 헤아릴 수 없는 경지일 것입니다. 돌이켜 보면, 불교의 역사가 2,500여 년으로 길다보니 여러 불교종파가 생겨났고, 각 종파마다 소지하는 경전이 다 다릅니다. 또 그 경전의 해석이 사람에 따라 다양합니다. 경전과 해석하는 사람의 전승이 다 다르기 때문이지요.

대저 어떤 수행자가 깨달음을 이루었을 때, 그 깨달음의 심오한 경지야 어찌 말로 설명할 수 있겠습니까? 그렇다고, 교조의 깨달음이 심오하다고 하여 스승을 신비화시키거나 절대화하는 것은 다른 종교라면 몰라도 불교와는 맞지 않습니다. 부처님께서는 '누구나 와서 보라고 할 수 있는 진리'를 말씀하시고, '깨달으면 모두 부처가 된다.'고 말씀했기 때문입니다.

다양한 깨달음의 전승

『쌍윳따니까야』를 전체적으로 살펴보면, 경마다 부처님의 깨달음이 매우 다양하게 나타나는 것을 볼 수 있습니다. 제1권 제6쌍윳따 범천품 '청원'경에 보면, 부처님께서 깨달으신 것이 연기법이라고 말합니다. 또 9권 '길'경에 보면 사념처(四念處: 몸·느낌·마음·법을 각각 새기는 수행)가 곧 부처님의 깨달음이라는 내용에서, 같은 경전인 『쌍윳따니까야』 안에서도 칠각지(七覺支: 새김·탐구·정진·희열·안온·집중·평정)를 깨달음이라고 하거나, 이외에도 12연기, 사정근(四正勤: 의욕·정진·마음·관찰), 중도와 팔정도, 오근(五根: 믿음·정진·새김·집중·지혜) 등을 깨달음으로 말하는 등 다양합니다. 놀랍게도 불교의 경전들은 교조인 부처님의 말씀을 매우 다양하게 전하고 있습니다. 이 점이 불교경전이 다른 종교의 경전과 다른 특징이 아닌가 합니다.

스승의 말씀을 전승하는 분들의 마음가짐과 도량을 짐작할 수 있지요. 필자가 생각하기에는 불교의 교리가 다양한 것은 부처님께서 45년간 교화를 하시면서 그 말씀을 들은 제자들이 지역에 따라 제각기 집단을 이루며 발전했기 때문이 아닌가 생각합니다. 그러나 교리만으로 깨달음을 이해하다 보면 부처님의 가르침을 이미 후세에 정형화된 논리로만 치우쳐 이해할 위험이 있습니다. 경전을 전하는 제자들의 입장에서 보면 자신이 들은 교리를 부처님의 가르침이자 깨달음으로 전할 수밖에 없겠지만, 문제는 왜 그런 교리를 말씀하셨는가에 대한 역사적 당위나 현실적 의미를 설명할 길이 없다는 것이지요. 다시 말해서 그 교리를 이해하고 실천해야 하는 당대 역사와 현실의 사건이 사라져 버린 것입니다.

과연 부처님의 깨달음을 교리만 가지고 이해할 수 있을까요? 부처님의 가르침을 받아들이고 부처님께 귀의하는 사람들이 많았다는 역사적 사실을 생각할 때, 그 가르침이 당대의 현실에 매우 깊은 메시지가 있었다는 사실을 부정할 수 없습니다.

출가 후 6년 동안

필자가 주목하는 것은 바로 경전 속에 묘사되어 있는 깨달음의 전후 상황과 이에 관한 부처님의 인식입니다. 출가 후 6년 동안 부처님은 알라라 깔라마, 웃타까 라마뿟따 등 스승들에게서 선정과 고행을 닦으신 후 만족할 수가 없어서 거기를 떠납니다. 그래서 네란자라 강 언덕 어느 나무 밑에서 거처를 정하시고 고요히 앉으시니 이때가 출가 후 7년째가 됩니다.

이때의 상황을 그대로 잘 알려주는 경전이 『쌍윳따니까야』 제4 쌍윳따 악마품에 있는 '7년'경과 『숫타니파타』 제3 커다란 장, 제2 '꾸준한 노력'경입니다. '7년'경은 모든 선정과 고행에서 여러 허물을 보고서는 이들을 떠나 홀로 나무 밑에 앉아 계신 부처님의 모습을 묘사하고 있습니다. 알려진 바와 같이 이때는 부처님이 단식과 극단적인 절식, 호흡 중지, 또 뜨거운 곳과 차가운 곳에 오랜 시간 참고 견디기, 공동묘지에서 시체와 함께 지내기(인도는 장례풍습이 우리처럼 땅속에 묻는 매장이 아닌 화장이나 또는 풍장이니, 여기서 공동묘지란 그냥 시체가 버려진 곳입니다) 등의 고행을 버리고 어떤 처녀가 주는 우유죽을 받아 드신 후입니다.

이렇게 고행을 버리시자 함께 고행을 하던 다섯 명의 수행자(후에 부처님의 첫 제자가 되는 다섯 비구들입니다)들이 부처님을 격렬히 비난하고 부처님을 떠납니다. 우유죽 한 그릇을 드셨을 뿐인데, 왜 이렇게 부처님을 격렬히 비난했을까요?

이 다섯 수행자들은 어떤 생각을 가지고 수행하였을까요? 『중아함경』에 보이는 것처럼, 고행 속에는 단식이나 절식이 포함되어 있습니다. 단식이나 절식은 일정하게 정한 날이 아니면 금식하는 수행입니다. 예를 들면 칠일에 한 번, 보름에 한 번 혹은 한 달에 한 번만 먹으며 수행하는 것인데, 이것을 부처님이 어긴 것이 아닐까 생각합니다.

한편 부처님 당시의 전통적 종교인 브라만교는 사람들에게 공덕 쌓기를 주장했습니다. 공덕을 쌓으면 현실에서 복을 누리거나 내세에 좋은 곳에 태어난다고 했습니다. 좋은 곳에 태어난다는 말은 부귀와 영화를 누린다는 말이며, 현실적으로 높은 계급에 태어난다는 것을 의미합니다. 그 계급이 부귀영화를 누리는 삶인지 힘들게 사는 삶인지는, 태어난 계급에 따라 사람을 차별하는 카스트제도에 의해 확인이 되지요. 그러니 현실을 구속하는 불평등한 카스트제도가 브라만교의 진리를 확인시켜 주는 살아 있는 증거인 셈입니다. 이치와 현실이 이러하니 누구나 당연히 공덕을 쌓아야 합니다. 당시 공덕 쌓는 수단으로 제시된 것은 제사 지내기와 보시입니다.

역사의 권위

원래 보시는 옛날부터 가난한 자에게 베푸는 것을 의미하였으나, 세상이 타락하면서 이 또한 변질되었습니다. 보시가 제사를 지내주는 브라만 사제들에게 재화를 주는 것을 의미하게 된 것이지요.

그러면 브라만 사제들은 제사를 지내면서 축복을 해줍니다. 베다경전 중에서도 초기 『우파니샤드』를 보면, 이런 제사를 지내는 데 쓰여지는 주문이 다양하게 나열되어 있는 것을 볼 수 있습니다. 브라만교는 정치적 질서와 도덕적 행위의 형식을 규정하는 권위를 지니고 있었습니다. 전형적인 제정일치 시대의 종교이지요.

유교가 모든 정치 도덕적 행위를 규정하고 또 상당한 강제적 권위를 지니고 있었던 우리 조선시대와 비슷합니다. 그러나 부처님은 일찍이 이런 제사가 결코 올바른 베다의 가르침이 아니며, 당시 성행하던 보시와 제사가 모두 욕망과 향락과 소유욕이 만든 위선이라고 비판했습니다.

당시에는 왕이나 부자들에게 축복을 준다는 이유를 들어 짐승을 희생하는 제사가 많았습니다. 부처님은 특히 인간생활에 유익한 소를 죽여 제사를 지내는 행위가 곧 하늘의 평화를 깨고, 계급과 계급이 서로 분열 반목하여, 사회적 평화가 깨어지는 원인이라고 비판했습니다. 부처님의 현실인식을 극명하게 보여주고 있습니다. 이런 내용이 『숫타니파타』 제2 조그만 장, 제7 '바라문다운 것'경과 제3 커다란 장, 제9 '바셋타'경에 잘 전해져 있습니다.

이렇게 보면 공덕을 쌓는다는 말의 현실적 의미는 곧 자기가 세속적으로 원하는 것을 얻겠다는 말이며, 보시나 제사는 이러한 욕망을 종교적으로 보장하는 수단입니다. 이렇게 많은 재물로 제사를 지내는 왕이나 부자들은 무엇을 원했을까요? 결국 세력을 넓히기 위해 다른 나라의 땅을 빼앗거나, 재물을 빼앗기 위해 사람을 죽이는 전쟁에 이기기를 바라거나, 농사가 잘되어 자손이 번창하고 자신의 지위나 쾌락이 현세나 내생에 계속 지속되는 것들이었습니다. 전쟁과 제사는 바라문들과 왕에게 모두 이익을 주는 일이 되었으나, 결과적으로 폭력과 두려움, 인색, 미움, 슬픔이 가득한 세상을 초래했습니다.

부처님이 사시던 때는 전쟁과 폭력, 이에 따라 일어나는 가난과 기아, 또 이긴 자들의 향락으로 세상은 혼란과 고통 속에 처해져 있었습니다. 세상에 올바른 삶을 제시해야 할 종교인 브라만교는 더 이상 보편적인 도덕으로서 신뢰와 가치를 상실했었던 것입니다.

비구니 스님들의 출가 동기나 깨달은 이야기를 모아 놓은 초기 경전 『장로니게경』에는 비구니 스님들이 사회적 가난과 억압된 가정에서 해방된 즐거움을 노래하는 시가 나옵니다. 필자는 부처님께서 작은 나라의 왕자로 계셨으니 항상 전쟁의 위협에 직접적으로 노출되었으며, 누구보다 전쟁에서 벌어지는 분노·폭력·인색·탐욕·절망 등 세상의 고통과 욕망을 절감하고 볼 수 있는 위치에 있었다고 봅니다.

부처님께서는 당신의 출가 동기가 인간의 생로병사를 고통으로 몰아넣는 집착과 욕망에서 벗어나기 위함이었다고 말씀합니다.

집착과 욕망이 구체적으로 무엇일까요? 남전 중아함경 『맛지마니까야』 제19장 '두 갈래 사유의 경'에서 부처님은 '나와 남을 해치는 감각적 쾌락의 욕망, 분노, 그리고 폭력이나 위해危害'에서 벗어나는 길을 찾으러 출가했다고 말합니다.

역사의 희망, 선정과 고행주의

이러한 상황에서 전통적 브라만교를 부정하고 새로운 가르침을 편 사상가들은 매우 많습니다만, 대표적으로 경전에 나타나는 집단은 니간타 나타풋타(자이나교를 말합니다) 등 여섯 명의 스승들입니다. 이들은 한결같이 브라만교를 부정하고 나온 종교이니, 대략 두 가지 점에서 비슷한 특징을 갖추고 있습니다.

우선 이들은 당대 브라만 종교의 위선을 극복하려는 의지를 가지고 있었습니다. 이것이 당대 새로운 사상가들에게 부여된 역사적 소명이었지요. 그들은 우선 철저히 공덕 쌓기를 거부합니다. 즉 보시와 제사를 지내면 현실적 부귀와 내세의 복을 얻는다는 기존의 가르침을 부정합니다. 이를 허무론 혹은 단멸론(원인과 결과가 서로 인과관계가 없다는 것)의 사상이라고도 합니다. 또 윤회의 핵심인 자아, 즉 아트만이 있다는 것을 부정합니다. 아트만이 없으니 다음 생을 보장받기 위해 제사를 지낼 이유가 없는 것이지요. 단멸론 또는 허무론이 기존의 공덕사상의 위선을 극복하는 새로운 사상임을 볼 수 있습니다. 즉 우리가 지금 생각하는 것처럼 이들의 허무론이나 단멸론이 논리적 결함이나 열등한 사상으로 받아들여진 것이 아니라 당대에는 오히려 진보적인 논리였던 것입니다. 그 대신 이들은 인간이 걸어야 할 수행도덕으로 고행을 선택했습니다. 즉 오관을 통한 쾌락을 거부하고 고행을 주장하니, 인간은 고행을 통해서 정화할 수 있다고 생각했기 때문입니다.

고행에는 전통종교인 브라만들의 쾌락적 삶에 대한 현실적 비판이 반영되어 있는 것이지요. 집을 떠나 나체로 종일 웅크리고 있거나 맨땅 위에 눕거나 해서 될수록 신체적 고통이 심한 형태를 유지하며 지냈습니다. 이들은 하루 아주 소량의 음식만을 먹는다거나, 잠을 적게 자는 등 힘든 육체적 고행을 지속함으로써 인간의 욕망이 정화된다고 생각한 사상가들입니다.

이들은 짐승을 죽이는 제사행위를 경멸하여 모든 생명을 보호하는 자비를 강조하였습니다. 그래서 심지어 머리털을 아주 깎지 않고 그대로 둡니다. 털 속에 사는 생물을 해치지 않기 위해서입니다. 부처님도 출가 후 이러한 수행을 하셨다고 여러 초기 경전에 자세히 기록되어 있습니다. 당대의 질곡과 한계를 넘어서려는 새로운 사상의 흐름에 동참하셨던 것이지요.

실상 이들의 고행을 생각해보면, 오늘 우리들의 상상을 초월할 정도입니다. 이들 고행자들은 브라만교의 위선과 권위를 보고 새로운 것을 찾는 사람들에게 많은 지지를 받았습니다. 지금도 우리 주위나 종교집단에서 이런 고행을 하는 사람들을 칭송하는 경향을 볼 수 있지 않습니까? 서양에서도 중세 때, 가톨릭의 지배교단이 타락하자 청빈과 검소를 주장하는 수사들이 나타났지요.

『쌍윳따니까야』 1권 코살라품 '결발행자'의 경에는, 코살라국 파세나디왕이 결발 수행자와 자이나교도, 벌거벗은 수행자, 한 벌 옷만 입은 수행자 등 고행을 실천하는 자들을 보자 합장을 하며 "거룩한 이들이여, 나는 코살라의 국왕입니다."라고 말하는 것을 볼 수 있습니다. 이처럼 선정과 고행의 가르침을 편 당대의 새로운 사상가들은 사회적으로 상당한 존경을 받고 있었으며, 또한 여러 왕들과 귀족 장자들의 귀의를 받고 있었던 것입니다. 이들 선정과 고행주의자들은 각기 사상적 특징이 다르지만, 전체적으로는 기존 브라만 종교의 교리를 부정하는 면에서는 공통적이었습니다. 당시로서는 현실의 모순을 뛰어넘는 매우 진보적인 사상이었던 것입니다. 역사의 희망이었던 셈이지요.

부처님은 그러나 이처럼 사회적으로 큰 존경을 받는 스승들이 가르치는 선정과 고행을 버리고 그 교단을 떠나셨습니다. 그리고는 네란자라 강 언덕 니그로다 나무 밑에 자리를 잡고 홀로 앉으셨으니 그때 나이가 35세입니다. 지금으로 보아도 상당한 장년의 나이입니다.

이런 결단이 그리 쉬웠을까요?

제4쌍윳따 악마품 '고행'의 경에 보면 악마는 35세의 부처님을 젊은(철없다는 뜻이지요) 수행자로 묘사하면서 수행자가 청정한 고행에서 벗어나 잘못된 길을 가고 있다고 비난합니다. 고행이야말로 청정한 수행인데 부처님은 지금 더러운 길을 가고 있다는 것입니다. 부처님이 당시 고행자들의 세계에서 한낱 이름없는 수행자였으면 이런 소문이 돌아다닐 수는 없었겠지요. 이때는 이미 알라라 깔라마나, 웃타까 라마풋타 등 당대의 스승들이 부처님의 수행과 경지를 인정해 주었으며, 오히려 부처님께 자기들의 교단을 함께 이끌자고 제의했었다고 경전은 전합니다. 그러나 부처님은 스스로의 판단으로 이들 교단들을 떠났던 것입니다.

이렇게 볼 때 고행이야말로 인간을 청정하게 해준다고 믿고 있던 당시의 사회적 분위기 속에서 수행자 고따마 싯다르타가 다른 수행자들로부터 어떤 취급을 받았는지 상상할 수 있습니다. 앞에서 말씀드린 '7년'경에는 한 때는 촉망받았던 수행자였으나 지금은 비난 속에 혼자 외로운 길을 걷는 부처님을 "비탄에 젖어서 홀로 외로이, 마치 마을에서 무슨 죄를 저지르고 사람을 피해 숲 속에 숨어 있는 듯한 사람"으로 묘사하고 있습니다.

이 '7년'경을 보면 세존께서 고행을 버리신 후 어떤 입장에 처해 있었던가를 짐작할 수 있습니다. 부처님은 고행에 대해 어떤 생각을 가지셨기에 그 가르침을 포기하고 나오셨을까요? 다른 사람들의 눈으로 볼 때, 일단 고행을 떠난다는 것은 다시 옛날의 생활, 즉 공덕을 쌓고 욕망을 즐기는 삶으로 돌아간다는 것을 의미했습니다. 그래서 평소 부처님을 따르던 다섯 명의 수행자들도 부처님이 타락했다고 비난하면서 부처님을 떠났던 것입니다.

나중에 부처님께서 깨달음을 얻으신 후 이 다섯 수행자들을 찾아가서 당신의 깨달음을 말하지만, 그들은 세 번이나 부처님의 가르침을 거부합니다. 그러나 위에서 보듯, 고행에 대한 수행자 고따마의 태도는 확고했습니다. 그리고는 깨달음을 얻습니다. 『쌍윳따니까야』 제4 악마품 '고행'경을 인용합니다.

'고행'경

"이와 같이 나는 들었다. 한 때 세존께서 네란자라 강 언덕의 우루벨라 마을에 있는 아자빨라라는 니그로다 나무 밑에 계셨다. 위없는 깨달음을 얻은 바로 그때였다. 그때 세존께서 홀로 고요히 명상하시는데 이와 같은 생각이 일어났다. '참으로 나는 이 고행에서 벗어났다. 참으로 내가 그 이로움이 없는 고행에서 벗어난 것은 훌륭한 일이다. 내가 앉아서 마음을 가다듬어 깨달음을 이룬 것은 훌륭한 일이다.' 그때 악마 빠삐만이 세존의 마음속 생각을 알아내고는

세존께서 계신 곳으로 찾아왔다. 가까이 다가와서 세존께 시로
말했다.

젊은 수행자들을 생각하니
청정한 고행의 실천을 버리고
청정한 삶의 길에서 빗나가
부정한 것을 청정한다고 여기네.

그때 세존께서는 '이것은 악마 빠삐만이다.'라고 알아채고 악마
빠삐만에게 이와 같이 시로 대답하셨다.

불사不死를 위한 어떠한 고행도
이익을 가져오지 않는다는 것을 안다네.
마른 땅위에 올려놓은 배의 노나 키처럼 아무런 쓸모가 없네.
계율과 삼매와 지혜로
깨달음에 이르는 길을 닦아서
나는 위없는 청정한 삶에 이르렀으니
죽음의 신이여, 그대는 패했다.

그러자 악마 빠삐만은 '세존께서는 나를 알고 계신다. 부처님께
서는 나에 대해 알고 계신다.'라고 알아채고, 괴로워하고 슬퍼하며

그곳을 떠났다."

위 경전에서 보듯 부처님께서는 고행을 통해서가 아니라, 마음을 가다듬어 깨달음을 이루셨다고 말씀합니다. 그래서 이 경에서 말씀하는 계율이 이미 고행의 계율과 다른 것임을 암시하고 있습니다. 여기서 말하는 계율은 아직 후세에 형성된 복잡한 승단의 계율을 의미하지도 않습니다. 그때는 부처님께서 막 깨달음을 이루셨을 때라 아직 승단이 형성되기 이전이기 때문이지요.

어쨌든 필자가 여기서 관심을 갖는 것은 부처님께서 선정과 고행의 교단에서 무엇을 어떻게 보셨기에 당대의 희망이자 진보적인 사상을 펴는 이들을 떠나셨는가 하는 의문입니다.

역사의 희망과 피안을 떠나시다

왜 선정과 고행에서 이익이 없다는 생각을 하게 되었을까요? 이익이 없었다는 것은 구체적으로 무엇을 의미하는 것일까요? 부처님께서 그 당시로서는 새로운 비전인 선정과 고행을 어떤 관점에서 평가하셨는지 이해한다면, 곧 부처님의 깨달음이 현실적으로 무엇을 의미하는지 알 수 있을 것입니다.

또 부처님께서는 공덕을 쌓는 세속의 삶을 어떻게 보셨을까요? 이런 질문을 가지고 경전을 살핌으로써 부처님께서 세상을 어떻게 보셨는지, 또한 그 깨달음이 오늘 우리의 삶에 어떤 의미가 있는지 짐작할 수 있을 것입니다.

앞에서 인용한 『쌍윳따니까야』 제1권 코살라품 '결발행자'의 경에 보면, 코살라 국왕 파세나디왕은 고행자들을 보면서 부처님께 과연 이 고행자들이 올바른 깨달음을 얻은 자들인지 묻습니다. 사실 그들은 평생을 고행으로 지내는 자입니다. 작은 생명도 해치지 않기 위해 머리를 기른 결발행자, 옷을 입지 않고 덥고 추운 날씨를 그대로 견디는 나체 고행자나 한 벌 옷만 입은 자 등이니, 이들은 기존 종교집행자인 브라만 사제들과는 달리 집 없는 삶을 선택한 자들이며 향락과 사치를 몸으로 거부하는 자들입니다.

이들과 몇 년을 함께 지낸 부처님은 이들을 어떻게 평가했을까요? 먼저 부처님은 파세나디왕에게 왕과 같이 쾌락에 빠져 있는 사람으로서는 이런 수행자를 판단하기 어렵다고 말씀합니다. 그러면서 다음과 같은 놀라운 말씀을 하십니다. 부처님께서 하신 말씀을 요약해 인용합니다.

"대왕이여, 그들이 계율을 지니고 있는가 없는가 하는 것은 함께 살아 보아야 알 수 있습니다. 그것도 오랫동안 같이 살아 보아야 알지, 짧은 동안에는 알 수 없습니다.
대왕이여, 그들이 청정한가 하는 것은 같이 대화를 해 보아야 알 수 있습니다. 그것도 오랫동안 대화를 해야 알지, 짧은 동안에는 알 수 없습니다.

대왕이여, 그들이 견고한가 하는 것은 같이 그들이 재난을 만났을 때 알 수가 있습니다. 그것도 오랫동안 재난을 만났을 때 알지, 짧은 동안에는 알 수 없습니다.

대왕이여, 그들이 지혜가 있는가 하는 것은 논의를 통해서 알 수가 있습니다. 그것도 오랫동안 논의를 함으로써 알지, 짧은 동안에는 알 수 없습니다.

(이 모든 것에) 주의 깊어야 알지 주의가 깊지 않으면 알 수 없습니다. 지혜로워야 알지 우둔하면 알 수 없습니다."

어떤 사람의 사상이 옳고 그름은 그 이론을 주장하는 사람의 실제 삶을 주의 깊게 오랫동안 지켜보아야 한다는 말씀이지요. 어떤 종교적 신념과 편견에 매이지 않고 현실을 통해 그 사람의 삶과 사상을 관찰하고 판단하시는 부처님의 관점을 엿볼 수 있습니다.

그러면 선정과 고행을 하는 새로운 스승들과 오랫동안 같이 지낸 부처님은 이들에게서 무엇을 보았기에 떠날 결심을 하였을까요? 경전은 곳곳에서 이러한 정황을 설명하고 있습니다. 경전에 묘사되어 있는 이들의 삶을 간략히 보면, 이들 스승들이 비록 세상이 '비어 있다는 생각(공무변처)'을 하거나, '의식이 끝없다(식무변처)'거나, '아무것도 없다(무소유처)'거나, '생각이 일어나는 것도 아니고 일어나지 않는 것도 아닌 경지(비상비비상처)'의 선정에 머물러 해탈했다고 말하여도, 정작 다른 사람들과 대화하거나 질문을 주고받을 때는 성냄과 분노, 권위, 오만에서 벗어나지 못하였다고 합니다.

한편 고행하는 수행자들은 절식이나 단식을 하면서도 특정한 날에는 배불리 먹었으며, 또 수행자들 사이에 음란한 행태가 있었다고 합니다. 벗은 몸으로 유행하는 자, 진흙을 바르는 자, 항상 위로 서 있는 자, 절식하는 자, 진언을 외우는 자, 상투를 트는 자들이 모두 탐욕·악의·분노·원한·저주·질투·인색·거짓에서 벗어나지 못하였다고 부처님은 말씀합니다. 이들의 추종자들은 모여서 한가한 때는 세상 이야기, 즉 전쟁 이야기, 코끼리 이야기, 전차 이야기, 영웅 이야기, 향수와 크림에 대한 이야기, 호화로운 침대 이야기, 마을과 도시 이야기, 여자에 관한 이야기 등으로 떠들고 지냈다고 합니다. 이런 당시의 상황은 『맛지마니까야』 제36 '쌋짜까에 대한 큰 경'이나 제40 '앗싸뿌라 설법의 작은 경' 등 남전 중아함이나 잡아함 등 초기 경전 곳곳에 자세히 기록되어 있습니다. 또 경전은 이들을 벌거벗은 고행승, 거짓말쟁이, 군중의 선동자들로 표현하고(제2쌍윳따 하늘아들 품), 사려가 깊지 못한 행동을 하고, 계율을 거짓으로 지키며, 마지못해 수행하는 자들이라고 비판합니다.(『법구경』 제10 폭력의 장, 제22 지옥의 장)

이렇게 볼 때, 새로운 사상가들은 비록 위선적인 당대 브라만교의 사회적 규범과 인과론을 부정하는 데는 진보적이었으나, 도리어 자신들은 도덕적 허무주의에 사로잡혀 새로운 도덕적 가치를 제시하는 데는 실패했던 것을 알 수 있습니다. 또 고행을 하면서도 오히려 생존을 구하는 위선에 처해 있었던 것입니다. 선정과 고행을 닦던 당대의 새로운 사상가들과 함께 지낸 부처님은 이러한 모든 모순과 위선을 보신 것이 아닐까요? 부처님은 고행이 생존에 위협만 줄 뿐 인간의 분노·미움·오만·인색 등 욕망을 해결할 수 없다는 것을 깨달으신 것이지요. 이렇게 고행의 무익함을 경험하신 부처님은 이들을 떠납니다. 현실의 차안此岸을 떠나 출가하신 부처님은 역사의 피안彼岸마저 떠나십니다. 이 언덕과 저 언덕을 모두 떠나신 것이지요.

'7년'경

고타마 싯다르타는 그 뒤 홀로 마음을 가다듬어 세상의 삶을 관찰하시니, 드디어 네란자라 강 언덕 니그로다 나무 밑에서 깨달음을 얻으십니다. 제4쌍윳따 악마품 '7년'경(『쌍윳따니까야』 1권 276쪽)은 그때의 상황을 이렇게 전합니다.

"이와 같이 나는 들었다. 한때 세존께서 우루벨라에 있는 네란자라 강 언덕에 있는 아자빨라라는 니그로다 나무 밑에 계셨다. 그런데 그때 악마 빠삐만이 7년 동안 세존을 쫓아다니면서 기회를 엿보았으나 기회를 얻지 못하였다 이때 악마 빠삐만이 세존께서 계신 곳으로 찾아왔다. 가까이 다가와서 세존께 시로써 이야기했다.

빠삐만

비탄해 하면서 숲 속에서 선정을 닦는구나.
돈을 잃었는가? 무엇을 갖고 싶은가?
혹시 마을에서 무슨 죄를 저질렀는가?
왜 사람들과 사귀지 않는가?
누구와도 우정을 나누지 않는가?

세존

나는 슬픔의 뿌리를 모두 잘라서
슬픔도 없고 죄악도 없이 선정을 닦는다네.
모든 생존의 탐욕을 버려
게으름의 벗이여, 나는 번뇌 없이 선정에 들었네.

빠삐만

사람들은 '그것은 나의 것'이라 하고

'나는 그것'이라고 하는데
수행자여, 생각이 거기에 머물면
내게서 벗어나지 못한다네.

세존
사람들이 말하는 것은 나의 것이 아니고
그렇게 말하는 나는 그들 가운데 없네.
빠삐만이여, 그대는 이와 같이 알라
그대는 결코 나의 길을 보지 못한다네.

빠삐만
만약 그대가 깨달았다면 평화와 불사不死의 길을 가라.
그대 홀로 가라.
그대 왜 남을 가르치는가?

세존
저 언덕으로 가고자 하는 사람들은
불사의 세계에 관해 묻는다네.
나는 그들의 질문에 대답할 뿐이네.
무엇이 집착에서 벗어나는 것인가를.

조용히 자신을 관찰하고 사색하는 선정이 결코 세상이 칭송하는 고행이 아니건만, 부처님은 고행을 포기했다는 어떤 죄의식이나 홀로 있다는 슬픔 등의 번뇌가 없이, 선정에 들어 있다고 말씀합니다. 생존에 대한 탐욕을 사람들은 자기라고 여기지만, 부처님께서는 그것이 '나와 나의 것'이 아님을 깨달았다고 말씀합니다. 생존에 대한 탐욕이 '나와 나의 것'이 아님을 아는 것이 평화와 불사의 길임을 이 경전은 말하고 있습니다. 비록 소박하지만 이 말씀이야말로 인류의 잠을 깨우는 벽력같은 깨달음이 아닐까요?

『숫타니파타』 커다란 장 제2 '꾸준한 노력'경에 보면, 악마는 네란자라 강에서 명상에 들어 있는 부처님에게 말을 겁니다. 악마는 부처님에게 베다를 배우는 자로서 깨끗한 행동을 하며 성화聖火에 공물을 바쳐 많은 공덕을 쌓으라고 권합니다. 그러나 부처님은 악마에게 욕망·불만족·갈애·탐욕·게으름·두려움·의심·고집, 그리고 그릇된 수단으로 얻는 이득·명성·환대·영예, 또 자기를 높이고 남을 경멸하는 것이 곧 악마의 군대라고 말씀합니다. 부처님의 말씀을 따르면, 그릇된 수단으로 얻는 이득·명성, 또 자기를 높이고 남을 경멸하는 태도가 곧 당대 바라문 사제들의 태도라고 하니, 그 타락의 정도를 짐작할 수 있습니다. 공덕을 쌓는 당대 브라만 종교가 가르치는 삶이 곧 악마의 삶이라고 판단하는 부처님의 현실인식을 볼 수 있습니다. 이 말을 들은 악마는 비파를 떨어뜨리면서 7년간 부처님을 따라다녔으나 헛수고를 했다고 말하며 그 자리를 떠납니다.

현실과 당위를 넘어서는 가르침

부처님은 짐승을 죽여 제사를 지내거나 재물을 탐내는 전통종교를 거부하고 집을 떠나 무소유의 삶을 선택합니다. 그러나 새로운 사상가들처럼 몸을 괴롭히는 고행을 따르는 대신, 인간의 욕망을 성찰하고 세상에 기쁨과 평화를 가져오는 팔정도를 새로운 도덕으로 제시하였습니다.

  탐욕과 갈애가 내가 아니되, 이것이 폭력·미움 등 세상 고통의 원인임을 아는 것이 올바른 견해입니다. 남을 해치는 생각, 거짓과 욕설, 남의 것을 빼앗는 행동 등을 버리는 것이 올바른 사유, 올바른 언어, 올바른 행위입니다. 부끄러움을 아는 삶과 선을 추구하는 노력이 올바른 생활과 올바른 정진입니다. 자신을 잘 성찰하고 살피는 올바른 새김, 마지막으로 올바른 집중은, 고행이 아닌 몸과 마음이 평화롭고 조화로운 선정입니다. 올바른 견해에서 올바른 선정에 이르는 여덟 가지를 팔정도라고 합니다.

  팔정도는 매우 보편적인 도덕으로 누구라도 이 길을 닦으면 모두 욕망이 꺼진 행복한 열반을 얻을 수 있다고 부처님은 말씀합니다. 팔정도의 내용을 역사 속에서 보면, 진보적인 당대 사상가들의 현실적 한계를 넘으려는 부처님의 의지를 볼 수 있습니다. 놀라운 것은 이 팔정도가 2,500여 년이 지난 지금도 매우 새롭다는 것입니다. 팔정도에는 어떠한 종교적 편견이나 위선적 기복행위, 또는 고행을 위한 맹목적 수행이 자리잡을 여지가 없기 때문입니다.

그러면 부처님께서 경계하신 것은 무엇일까요? 세상을 이끄는 종교는 무엇을 경계해야 할까요? 특히 부처님께서 네 가지 집착, 즉 욕취(欲取; 감각적 쾌락에 대한 집착)·견취(見取; 견해에 대한 집착)·계금취(戒禁取; 미신, 관습과 타부에 대한 집착)·아어취(我語取; 나라는 이론에 대한 집착)를 버려야 할 것으로 말씀하십니다.

감각적 쾌락에 대한 집착은 공덕 쌓기와 고행 속에 숨어 있는 쾌락에 대한 집착이니, 위선과 탐욕·인색·분노를 일으킵니다. 견해에 대한 집착은 비교·시비·우열·논쟁·슬픔·오만을 일으킵니다. 미신과 타부에 대한 집착은 제사나 고행·진언 외우기·단식 등 계율이나 금기에 대한 집착이니, 권위와 교만과 무지를 가져올 뿐 이익이 없습니다. 나라는 이론에 대한 집착은 제사가 공덕을 가져온다는 생각의 뿌리인, 아트만 이론이나 변하지 않는 나의 존재 등에 대한 집착입니다. 이러한 존재에 집착하는 한, 현실에서 일어나는 고통과 욕망에 대한 성찰이 일어날 수 없습니다.

네 가지 집착의 내용을 자세히 보면, 이 모두가 당대 현실과 삶 전체를 오랫동안 경험하고 관찰하지 않고는 말하기 어려운 내용입니다. 부처님은 세상의 고통을 다루되 개인의 관점이 아닌, 당대 세상 속에서 고통의 조건과 욕망의 본질, 행복의 길을 탐구하신 것이지요.

부처님은 깨달음을 얻은 후 세상을 구하기 위해 왕과 귀족, 장자, 군인과 세상 사람들을 만나시고, 다른 종교의 교단을 수시로 방문하는 등 끝없는 대화와 유행遊行으로 평생 당신의 이러한 깨달음을 알리며 지냈습니다. 자신이 처한 역사와 현실사회에서 인간의 고통을 보는 것이 부처님의 세상보기라면, 과연 당대 역사와 현실의 삶에 대한 진지한 고민과 이해없이 팔정도나 네 가지 집착의 의미를 올바로 이해하고 실천할 수 있을까요? 교리만으로 실천한다면 그 수행이 공허해질 위험이 있지 않을까요?

불교역사를 보면, 후대로 내려오면서, 고통과 고통의 원인을 개인적·심리적 관계에서 보려는 경향이 나타납니다. 불교가 발전하면서, 비록 심리적인 분석과 교리에 대한 언어적·논리적 사변은 발달하였으나, 역사와 현실에 대한 문제의식이 사라진 것입니다. 이러한 상좌부 아비달마의 사상적 흐름에 반대하여, 다시 중중무진하게 진행되고 있는 역사와 현실 관계 속에서 세상의 고통과 욕망을 바라보아야 한다는 대승불교운동이 일어났습니다. 부처님의 삶과 가르침에 대한 역사적 문제의식이 부처님께서 열반하신 지 500여 년 뒤에 본격적으로 제기된 것입니다.

태어나고 죽는 무상의 진리를 어떻게 볼까?

 무상無常의 진리는 부처님께서 가르침을 여실 때 가장 먼저 말씀하시는 법문입니다.

잡아함경에 해당하는 남전대장경 『쌍윳따니까야』에 보면, 부처님은 먼저 일체의 법이 무상無常한가 무상하지 않은가에 대한 물음으로 시작하는 것을 볼 수 있습니다. 무상은 좀더 자세히 말하면 제행무상諸行無常이니, 태어난 것은 모두 죽는다는 진리이며, 일체 조건 지어 형성된 것은 모두 바뀌고 없어진다는 가르침입니다. 특히 부처님은 나고 죽는 물질적 무상 이외에도 우리의 시각·청각·후각·미각·촉각·정신 등을 통하여 일어나는 쾌快·불쾌不快·탐욕·미움 등 정신적·물질적 현상의 변화과정을 모두 무상하다고 말씀하십니다.

조건 지어져 있는 모든 것은 변하고 바뀌고 없어진다는 가르침은 부처님께서 스스로 깨달으신 가장 중요한 진리입니다. 생성된 것은 곧 원인과 조건에 의해서 형성되었다는 것이지요. 나아가 원인과 조건이 바뀌면 그 원인과 조건에 의해 형성된 것은 바뀌고 무너지고 소멸한다는 가르침입니다.

부처님이 말씀하시는 무상의 진리는 심오한 연기법緣起法의 진리에서 통찰되고 있습니다. 그러니 일반적으로 말하는 영원한 것이 없다는 의미에서의 무상과는 다르다는 것을 알 수 있지요. 부처님은 이러한 제행무상의 가르침을 누누이 말씀하신 것을 『쌍윳따니까야』나 『법구경』 등, 초기 경전에서 볼 수 있습니다.

보통의 입장에서 보면, 제행무상이 가장 크게 느껴질 때는 사람이 늙고 죽을 때입니다. 특히 주변에서 가까운 분이 죽는 것을 보면 더욱 세상의 무상을 절감하게 됩니다. 열심히 몸을 담고 지내던 단체나 직장이 지금은 없어졌을 때 그것이 있던 곳에 가보면, 그때 함께 일하면서 느끼던 열기나 분위기, 그때의 사람들이 생각나 쓸쓸함을 느끼게 되며 세상의 무상을 느끼게 됩니다. 특히 돌아가신 분이 쓰던 물건을 보게 되면, 쓰던 사람은 지금 없고 오직 물건만 남아 있는 것을 보게 됩니다. 세상의 모든 것에는 나와 내 것이 없다는 부처님의 말씀을 절감하게 됩니다.

『쌍윳따니까야』(9권 436쪽) "늙음"의 경에 보면, 부처님께서 만년에 육체적으로 늙으셨을 때, 아난다는 부처님의 손과 발을 만지면서 이렇게 말합니다.

"세존이시여, 아주 놀라운 일입니다. 세존이시여, 일찍이 없었던 일입니다. 이제 세존의 피부색은 청정하거나 고결하지 못하고 사지가 모두 이완되어 주름이 지고 몸이 앞으로 기울고, 시각·청각·후각·미각·감촉능력의 모든 능력이 변화의 조짐을 보입니다."

연로하신 부처님의 모습을 눈으로 보는 듯 선합니다. 특히 사지가 이완되고 몸이 앞으로 기우는 것은 전형적인 노인의 모습입니다. 이러한 아난다의 말에 부처님은 있는 그대로 긍정하십니다. 그리고는 이와 같은 시를 읊으셨다고 경전은 전하고 있습니다.

"부끄러워할지어다. 가련한 늙음이여.
추악한 모습을 드러내는 늙음이여.
잠시 즐겁게 해주는 사람의 영상
늙어감에 따라 산산히 부서지네.
백세를 살더라도 결국
죽음을 궁극적인 것으로 할 뿐
아무도 죽음을 피하지 못하니

그것은 모든 것을 부수어 버리네."

늙고 죽음에 관해 부처님께서 지으신 시가 『쌍윳따니까야』 1권 "덧없음"경에 또 나와 있습니다.

"삶은 덧없고 목숨은 짧다네.
늙음을 피하지 못하는 자는 조용히 쉴 곳이 없네.
죽음의 두려움을 꿰뚫어 보는 사람은
세상의 욕망을 버리고 고요함을 원하리."

부처님께서 말씀하신 무상無常의 뜻은 매우 감동적이고 이 세상을 살아가는 우리에게 깊은 공감을 줍니다. 그런데 위의 시 중 그 마지막 구절이 우리에게 한 번 더 부처님의 가르침을 생각하게 합니다.

"세상의 욕망을 버리고 고요함을 원하리."

욕망과 시간

"세상의 욕망"은 무엇일까요? 그리고 세상의 욕망을 버리고 고요함을 얻는 수행은 무엇일까요?

부처님은 먼저 나고 죽는 무상의 현실을 깊이 보고 세상의 욕망을 버리라고 가르치십니다. 세상의 욕망을 버리고 고요함을 얻는 수행은 우리가 지금 흔히 알고 있는 수행과 달리 세상의 변화와 삶, 늙고 죽음을 깊이 관찰하는 것입니다.

초기 경전을 보면 이렇게 현실을 깊이 관찰하는 데서 앎과 봄이 이루어지는 것을 알 수 있습니다. 고도로 형식화된 수행이나 정미하고 숙련된 선정수행을 불교의 수행으로 알고 있는 지금의 우리에게 이 경전은 수행의 진정한 의미를 다시 생각하게 합니다.

무상한 현실을 관찰하여 무엇을 보고, 무엇을 버리고, 무엇을 얻는가라는 의문에 대하여 위의 부처님 시는 매우 분명한 가르침을 줍니다.

본다는 것은 곧 무상을 보는 것이니 태어나고, 늙고, 죽음을 보는 것이며, 버려야 할 것은 세상의 욕망이며, 얻어야 하는 것은 마음의 고요함입니다. 세상의 욕망은 바로 세상을 살고 있는 우리의 욕망이니, 그 중 가장 큰 것이 소유의 욕망입니다. 이렇게 볼 때, 오히려 부처님이 가르치는 수행은 매우 구체적이고 누구나 느낄 수 있는 현실의 관찰에서 이루어지는 것임을 알 수 있습니다. 같은 책 3권 "장로라고 일컬어지는 자"경에는 어떤 비구가 홀로 떨어져 수행한다는 말을 듣고, 부처님은 홀로 수행한다는 의미를 이렇게 말씀하십니다.

"과거는 버리고, 미래는 바라지 않으며, 현재는 자신의 소유에 대한 욕망과 탐애를 모두 버리는 것이다. 이것이 홀로 사는 것이 완성된 것이다."

누구나 무상을 접할 수 있으되, 우리가 소유의 욕망에 묶여 있을 때는 무상을 받아들이지 않는다는 것입니다. 부처님의 이 말씀을 새기면서 깨닫게 되는 것은 소유의 욕망은 반드시 시간과 더불어 온다는 것입니다. 자신의 소유를 연장하거나 확장하는 욕망이 미래에 대한 두려움과 함께 일어나며, 또한 소유의 욕망이 과거와 현재라는 시간과 수반되어 일어난다는 사실입니다. 욕망에 묶여 있거나 단순히 욕망만을 도식적으로 이해하는 우리의 짧은 이해를 생각해 볼 때, 시간과 더불어 소유의 욕망이 일어나는 것을 보는 부처님의 깊은 사색에 머리가 숙여집니다.

살다 보면 형제간에 불화가 일어나는 경우가 많습니다. 부모가 남긴 유산을 원인으로 하는 것이 대부분입니다. 부모님이 세상을 떠나는 것을 목격하는 것은 곧 무상을 보는 것인데, 그 죽음 앞에서 재산 때문에 분쟁이 일어나는 것은 결국은 소유에 대한 욕망 때문입니다.

무상無常을 보되 소유의 욕망에 묶여 있으면 무상을 보아도 무상을 받아들이지 못합니다. 부처님은 무상을 보되 세상의 욕망 특히 소유의 욕망을 성찰하여, 욕망을 고요히 할 것을 가르칩니다.

그러나 우리는 무상을 보더라도, 오히려 미래나 과거에 대한 두려움과 더불어 소유의 욕망을 일으킵니다.

소유에 대한 욕망에 묶여 있는 한, 제행무상의 진리는 받아들여질 수 없으며, 무상을 보아도 그것이 자신의 마음의 평화를 가져오지는 못합니다.
부처님께서 "일체의 형성된 모든 것은 나고 죽는 법이다."라고 무상에 대한 진리를 말씀하신 후, 제자들에게 한가한 곳이나 나무 밑에서 마음을 집중하여 깊이 성찰할 것을 강조했습니다. 나고 죽는 무상한 현실을 보는 것이 어려워서가 아니라 자신이 뿌리 깊이 가지고 있는 소유의 욕망, 시간에 대한 두려움을 성찰하는 것이 어렵기 때문입니다.

무상에 대해 부처님이 노래하신 마지막 싯귀, "죽음의 두려움을 꿰뚫어 보는 사람은 세상의 욕망을 버리고 고요함을 원하리."라는 구절을 읽으며 부처님의 뜻이 어디에 있는가를 다시 한 번 새기게 됩니다. 무상을 깊이 이해할 때 고요함이 오니, 고요함은 이해를 통하여 옵니다. 고요함은 곧 욕망의 소멸, 당위의 소멸, 더 깊이 보면 곧 의도意圖의 소멸입니다. 이러한 욕망의 소멸이 곧 열반이니, 부처님의 열반은 욕망의 갈등과 고통을 넘어서는 평화와 행복의 길입니다.

연기법의 진리는 우리 삶에 어떤 의미가 있나?

 부처님께서 깨달으신 것은 과연 무엇일까?
부처님은 무엇을 고민하셨으며, 그래서 무엇을 깨달으셨을까?
그분이 그토록 삶에 대해 깊이 이해하신 것은, 과연 어디서 나온 것일까?

오랜 역사를 지나면서 불교에는 부처님의 깨달음에 관하여 여러 전승이 있습니다만, 부처님의 깨달음이 곧 연기법緣起法이라는 설이 지배적입니다. 물론 자기와 삼라만상의 본래 불생불멸不生不滅한 성품을 밝히는 견성見性이, 곧 부처님의 깨달음이라고 하는 전승도 불교 안에 있습니다만, 여기서는 연기법에 대해 생각해 보겠습니다.

연기법은 일반적으로 중중무진重重無盡의 관계로 해석되어, 모든 사물과 만물이 서로 얽혀 있어서 어느 한 존재도 홀로 떨어져 존재할 수 없다는 것으로 이해되고 있습니다. 따라서 모든 존재가 서로에게 의존되어 있다는 사실을 받아들일 때, 서로를 인정하고 이 세상이 평화로울 수 있다고 합니다. 특히 근자에 환경과 공해의 문제가 인류의 과제로 떠오르면서 만물의 상의상존相依相存을 강조하는 연기緣起의 진리는 많은 사람들의 공감을 얻고 있습니다. 뉴욕에 있는 나비의 날갯바람이 아시아에 이를 때에는 태풍이 될 수도 있다는 것이니, 이러한 상의상존의 연기법을 '한 개의 먼지 속에 삼천대천세계가 들어 있다'는 경전의 말씀으로 설명하기도 합니다.

초기 경전에 나타난 연기법의 진리

이런 연기법의 진리가 초기 경전에서는 어떻게 이해되고 있었을까요? 연기법의 진리는 일반적으로 12연기十二緣起가 가장 대표적으로 표현되고 있습니다만, 원래 연기법은 경전에서 보면,

"이것이 있으면 저것이 있고, 이것이 없으면 저것이 없다.
 이것이 일어나면 저것이 일어나고, 이것이 사라지면 저것이

사라진다."

입니다.

초기 경전에서도 고층古層에 속하는 법구경, 『숫타니파타』, 남전南傳 잡아함경인 『쌍윳따니까야』 1, 2, 3권에 보면 연기법에 대한 다양한 해석이 나옵니다. 욕설과 논쟁이 곧 분노에서 나온다는 법문과, 또 노병사老病死의 원인은 곧 태어남生에서 나온다는 연기는 2연기의 형태이니, 특히 『법구경』 16장에 잘 나와 있는 것을 볼 수 있습니다.

좋아하는 것에서 근심이 생기고 좋아하는 것에서 두려움이 생긴다.
좋아하는 데서 벗어난 이는 슬픔이 없다.

애착에서 슬픔이 오고 애착에서 공포가 온다.
애착에서 벗어난 이에겐 슬픔이 없는데 어찌 두려움이 있으랴?

욕망에서 슬픔은 오고 욕망에서 두려움이 온다.
욕망에서 벗어난 이에겐 슬픔이 없는데 어찌 두려움이 있으랴?

이외에도 4연기, 8연기, 혹은 13연기가 발견됩니다. 그 중에서 가장 많이 외어 내려온 것은 12연기이니 이 12연기법은 지금도 우리 불교의 기초교리로서 정형화되어 있습니다. 어떤 학자들은 지금 위에서 예시한 2연기는 연기의 여러 형태 중에서 가장 초기 형태로 보기도 합니다. 정형화된 12연기론의 초기 형태로 짐작되는 소박하면서도 매우 현실적인 법문이 경전에서도 고층에 속하는 남전 잡아함경인 『쌍윳따니까야』에 나옵니다.

『쌍윳따니까야』 제2권 66경 '성찰의 경'에 보면

[세존] "수행승들이여, 여기 한 수행승이 숙고하면서 내적인 성찰을 수행한다.

'세상에 늙고 죽음을 일으키는 많은 종류의 괴로움, 이러한 괴로움은 도대체 무엇을 조건으로 하고, 무엇을 원인으로 하고, 무엇을 발생으로 하고, 무엇을 바탕으로 하는가? 무엇이 있으면 늙고 죽음이 생겨나고, 무엇이 없으면 늙고 죽음이 소멸하는가?' 그는 숙고하여 이와 같이 안다.

'세상에 늙고 죽음을 일으키는 많은 종류의 괴로움, 이러한 괴로움이야말로 취착(取着; 가지려고 하는 집착)의 대상을 조건으로 하고, 취착의 대상을 원인으로 하고, 취착의 대상을 발생으로 하고, 취착의 대상을 바탕으로 한다. 취착의 대상이 있음으로써 늙고 죽음이 생겨나고, 취착의 대상이 소멸함으로써 늙고 죽음이 소멸한다.'

그는 이와 같이 늙고 죽음을 알고, 늙고 죽음의 발생을 알고, 늙고 죽음의 소멸을 알고, 늙고 죽음의 소멸에 이르는 길을 안다. 그는 이와 같이 실천하여 법다운 수행자가 된다.
수행승들이여, 그를 완전하고 올바른 괴로움의 소멸, 늙고 죽음의 소멸을 실천하는 수행승이라고 부른다."
또한 그는 숙고하면서 내적인 성찰을 수행한다.
'그런데 이러한 취착[取]의 대상은 도대체 무엇을 조건으로 하고, 무엇을 원인으로 하고, 무엇을 발생으로 하고, 무엇을 바탕으로 하는가? 무엇이 있으면 취착의 대상이 생겨나고, 무엇이 없으면 취착의 대상이 소멸하는가?'
그는 숙고하여 이와 같이 안다.
'취착의 대상은 갈애[愛]를 조건으로 하고, 갈애를 원인으로 하고, 갈애를 발생으로 하고, 갈애를 바탕으로 한다. 갈애가 있음으로써 취착의 대상이 생겨나고, 갈애가 소멸함으로써 취착의 대상이 소멸한다.'
그는 이와 같이 취착의 대상을 알고, 취착의 대상의 원인을 알고, 취착의 대상의 소멸을 알고, 취착의 대상의 소멸에 이르는 길을 안다. 그는 이와 같이 실천하여 법다운 수행자가 된다.
수행승들이여, 그를 완전하고 올바른 괴로움의 소멸, 취착의 대상의 소멸을 실천하는 수행승이라고 부른다.
또한 그는 숙고하면서 내적인 성찰을 수행한다.

'그런데 이 갈애가 생겨나면 어디에서 생겨나고, 들어가면 어디에 들어가는가?'

그는 숙고하여 이와 같이 안다. '세상에 사랑스럽고 즐거운 것마다 갈애가 언제나 거기에서 생겨나고 언제나 거기에 들어간다. 그런데 세상에서 사랑스럽고 즐거운 것은 무엇인가?

본다는 것은 세상에서 사랑스럽고 즐거운 것이다. 갈애는 언제나 여기에서 생겨나고 언제나 여기에 들어간다.'

듣는다는 것은 세상에서 사랑스럽고 즐거운 것이다. 갈애는 언제나 여기에서 생겨나고 언제나 여기에 들어간다.

냄새 맡는다는 것은 세상에서 사랑스럽고 즐거운 것이다. 갈애는 언제나 여기에서 생겨나고 언제나 여기에 들어간다.

맛본다는 것은 세상에서 사랑스럽고 즐거운 것이다. 갈애는 언제나 여기에서 생겨나고 언제나 여기에 들어간다.

감촉을 느낀다는 것은 세상에서 사랑스럽고 즐거운 것이다. 갈애는 언제나 여기에서 생겨나고 언제나 여기에 들어간다.

생각한다는 것은 세상에서 사랑스럽고 즐거운 것이다. 갈애는 언제나 여기에서 생겨나고 언제나 여기에 들어간다.

그런데 수행승들이여, 과거의 어떤 수행자나 성직자들이라도 세상에서 사랑스럽고 즐거운 것을 영원하다고 보고 행복하다고 보고 자기라고 보고 건강하다고 보고 안온하다고 보았다면 그들은 갈애를 키운 것이다. 갈애를 키운 사람은 취착을 키운 것이다.

취착을 키운 사람은 괴로움을 키운 것이다. 괴로움을 키운 사람은 태어남과 늙고 죽음·우울·슬픔·고통·불쾌·절망으로부터 해탈하지 못한 것이다. 그들은 괴로움에서 해탈하지 못했다고 나는 말한다."

위 '성찰의 경'은 수행승이 홀로 사유하고 성찰할 때, 어떻게 하는 것이 바른 성찰인가에 대하여 부처님께서 하시는 말씀입니다. 이 경을 보면 "늙고 죽음을 일으키는 많은 괴로움"이라는 표현이 나오는 것을 볼 수 있으니, 12연기 중 노병사老病死가 생生에서 나온다는 구분이 형성되기 전이라는 것을 알 수 있습니다. 후대에 갈수록 생로병사 자체가 괴로움이라는 이론적 해석의 경향이 강한 데 반하여, 이 경에서는 '늙고 죽음을 일으키는 많은 괴로움'이라는 삶의 현실을 말하고 있습니다.

이 경을 좀더 자세히 들여다보면, ①늙고 죽음을 일으키는 괴로움은 ②취착取着, 즉 집착의 대상을 원인으로 하고, 취착의 대상은 ③갈애渴愛를 조건으로 하고, 다시 갈애는 ④여섯 가지 감각기관의 사랑스럽고, 즐겁고, 자기라고 보고, 영원하다고 보는 지각에서 나온다고 부처님은 말씀하시니, 이 성찰의 경은 크게 보면 4연기四緣起입니다.

집착[取]의 원인은 갈애이며, 갈애는 여섯 가지 감각기관과 대상과의 만남에서 일어납니다. 이처럼 시각과 형상, 청각과 소리, 후각과 냄새, 미각과 맛, 촉각과 감촉, 생각과 생각의 대상에서 아름답다고 느끼고, 사랑스럽다고 느끼고, 나라고 느끼고, 영원하다고 보고, 건강하다고 보고, 안온하다고 느끼는 과정에서 갈애가 일어난다고 부처님은 말씀하고 있습니다.

여기에서 놀라운 점은 괴로움에 대한 부처님의 이해입니다. 우리의 삶 속에서 늙고 죽음을 일으키는 많은 괴로움이 곧 부처님이 말씀하시는 괴로움입니다. 구체적으로는 미움·분노·폭력·살생·논쟁·다툼·약탈·우울·슬픔·고통·불쾌·절망을 뜻한다는 것을 알 수 있습니다. 이러한 인식은 관찰자 스스로 현실 삶의 구체적 사건 속에 있을 때만 가능한 인식입니다. 삶 속에서 일어나는 폭력과 분노·미움·탐욕·감각적 쾌락 등을 고통이라고 말씀하는 것을 볼 때, 부처님의 현실인식, 즉 현실에 대한 문제의식을 엿볼 수 있습니다.

『맛지마니까야』는 북전 중아함에 해당되는 경전입니다. 이 경전에 보면, 부처님께서 깨닫기 전 보살이었을 때 고민하고 사색하신 주제가 인간의 감각적 쾌락, 폭력, 분노의 사유에 관한 것이었다고 합니다. 구체적으로는 생명을 죽이는 것, 남의 것을 빼앗는 것, 성적인 폭력과 약탈, 거짓증언, 중상, 욕설, 날조 등입니다. 인간과 사회의 삶에 고통을 가져오는 이러한 폭력과 증오, 감각적 쾌락의 집착들은 여러 초기 경전에서 반복하여 설명하고 있습니다. 경전은 이렇게 부처님께서 살았던 당시의 역사적 현실을 반영하고 있습니다만, 지금 보아도 그대로 우리의 현실입니다.

연기법의 핵심은 현실의 고통에 대한 이해

인간의 현실 삶에 고통을 가져오는 원인과 조건을 차례로 물어가는 방식이 곧 연기법이라는 것을 알 수 있습니다. 경전 여러 곳에서 이 연기법은 부처님께서 이미 출가 전에 사유하시던 방식이었다는 설명이 나옵니다. 또한 출가 후 여러 스승을 만났으나 그 스승들이 탐욕과 성냄을 이기지 못한 것을 아신 것도 이러한 연기법에 의하여 그들의 삶을 실재로 관찰해 본 결과였습니다.

    연기법을 살펴보면 부처님께서 무엇을 고민하시고 무엇을 깨달았는가를 우리에게 잘 보여주고 있습니다. "성찰의 경"은 연기적 관찰을 통하여 모두 탐욕과 미움·분노·폭력·절망의 뿌리가 곧 인간의 갈애와 취착取着이며, 그 갈애와 취착은 자기의 것으로 영원히 가지겠다는 뿌리 깊은 소유욕인 집착과, 그 대상에 대한 갈애가 그 원인이라는 것을 우리에게 알려주고 있습니다. 이러한 연기법의 진리를 깊이 음미할 때 우리는 무엇을 볼 수 있을까요?

    연기법대로 현실의 원인을 추구하고 탐구한 결과, 폭력과 슬픔의 발생과정이 모든 인간에게 매우 보편적이라는 것을 이해하게 됩니다. 갈애와 집착에 묶여 있는 인간의 삶과 고통의 현실에는 너와 나의 차이가 없습니다. 끝없이 일어나는 욕망과 고통의 보편성을 이해할 때, 나[我]와 나의 것[我所]을 추구하는 지금의 태도는 고통에서 벗어나는 바른 길이 아니라는 성찰이 일어납니다. 우리 몸에서 일어나는 물질적·생리적 욕구와 감수感受·지각知覺·의도의 형성·의식 등에서 일어나는 욕망과 소유의 의도를 보고 이해함으로써 우리가 어떻게 삶을 고통과 슬픔으로 몰아가고 있는지 이해하게 됩니다. 이렇게 모든 생명이 묶여 있는 조건과 그 보편성을 볼 때, 개인적인 욕망의 추구를 뛰어넘어, 뭇 삶에 대한 사랑과 연민이 일어납니다. 모든 생명에 대한 보편적 사랑이 당위적으로 가능한 근거입니다.

둘째로, 신을 믿거나 아트만을 믿거나 관계없이, 누구라도 욕망과 집착의 조건을 갖추면 폭력과 분노, 다툼이 일어난다는 사실을 연기법은 보여주고 있습니다. 욕망을 보고 그 결과를 이해하는 과정이나, 고통의 원인인 욕망을 버리는 실천과정에는 신과 아트만에 대한 믿음이나 고행, 혹은 주문을 외우는 행위는 전혀 의미가 없습니다. 즉 제사나 고행은 고통의 진정한 해결에는 도움이 되지 않는다는 것을 웅변하고 있습니다. 부처님은 화살의 비유를 통하여, 화살에 박힌 상처를 고칠 때 그 화살이 어디서 왔는지를 묻는 것으로는 상처를 치료할 수 없다고 말씀했습니다.

제사를 지내거나 고행을 하는 것은 현실의 고통을 외면하는 길임을 부처님은 강조하고 있습니다. 고통을 이해한다는 것은 역사와 현실의 사건에 관찰자가 열려 있다는 것입니다. 사람이 현실고통을 외면하고 사상이나 수행의 울타리를 치고 있을 때는 고통을 경험할 수 없습니다. 구체적 현실의 사건 속에서 고통과 그 원인으로서의 욕망을 탐구할 때, 고통과 욕망은 구체적 형태로서 우리에게 다가오며, 욕망을 버리는 행위인 갈애와 집착의 소멸을 실천적으로 경험할 수 있습니다. 부처님은 이러한 욕망에 대한 성찰을 통하여 세상의 부조리를 바꿀 수 있다고 보신 분입니다.

한편, 수행자가 불법을 배우면서 현실에 문을 열지 않고 있다면, 그 불법은 이론적이거나 도식적으로 이해되어 고통과 욕망의 구체적 형태를 관찰 경험할 수 없습니다. 현실에서 스스로 울타리를 칠 때, 부처님의 연기법이나 12연기론에 대한 인식 혹은 지관止觀수행은 수행의 형식에 빠지거나 법수法數의 분석과 그 확장에 골몰하게 됩니다. 법수의 분석과 지식의 확장이 나쁜 것이 아니라, 그러한 수행형식이 구체적 현실과 역사에 등을 돌리는 것이 문제인 것입니다. 이렇게 되면 구체적 사건과 현실 속에서 욕망의 소멸을 경험할 수 없으며, 소멸의 행복을 나눌 수도 없게 됩니다. 이렇듯 연기법은 우리에게 가정·직장·사회 등 살아 있는 우리 현실에 구체적으로 다가가게 합니다.

부처님께서 중도中道의 진리를 말씀하실 때 반드시 8정도八正道

를 말씀하시는 이유가 여기에 있지 않을까요? 부처님은 출가 전에 제사나 쾌락의 현실을 보셨으며, 출가하신 후에는 여러 고행을 경험하고 무익함을 깨달았다는 것이 경전에 나옵니다. 욕망을 버리는 중도의 삶은 이러한 인간의 보편적 조건을 외면하고 다른 곳에 의지하는 행위를 거부하는 것입니다. 이 양 극단은 인도 당시의 역사적 현실이며 사건입니다. 따라서 주문을 외우거나 제사를 지내고, 혹은 고행을 하는 행위는 오히려 욕망과 집착의 삶의 연장입니다. 따라서 중도는 욕망과 집착의 현실을 알고 볼 때 선택하는 행위입니다.

부처님은 12연기 중 집착[取]을 설명하시면서 4가지를 집착의 원인으로 말씀하시니, 감각적 쾌락에 대한 집착[欲取], 견해에 대한 집착[見取], 미신과 터부에 대한 집착[戒禁取], 나와 나의 것에 대한 말이나 이론에 대한 집착[我語取]입니다. 이러한 설명에서 부처님은 집착, 즉 감각적 쾌락과 소유에 대한 집착이 개인적·사회적·역사적 조건 속에서 다양한 형태로 일어나는 것임을 우리에게 보여주고 있습니다. 철석같이 강해서 변하지 않을 것 같은 감각적 쾌락, 나와 나의 것에 대한 생각, 세상의 제도나 관습, 견해 속에 욕망과 집착이 있다는 부처님의 말씀은 세상의 변화를 꿈꾸는 사람들이 귀담아 새겨볼 화두입니다.

중도의 삶은 고통의 조건을 이해하는 사유인 연기법적 성찰에서 나온 것을 알 수 있습니다. 아트만을 근거로 한 바라문교의 제사행위나 고행은 미움과 폭력·분노·인색을 해결할 수 있는 길이 아니기 때문에, 8정도의 길은 이러한 양 극단이 범하고 있는 방법론적 미망迷妄을 넘어서는 누구나 공감할 수 있는 평화와 평정을 얻는 삶이라고 할 수 있습니다.

8정도八正道의 정正은 8사도八邪道의 사邪에 대응되는 말로서 욕망과 집착을 여읜 삶입니다. 예를 들어 바른 정진〔正精進〕은 생겨나지 않은 착한 행위를 생기게 하고, 이미 생겨난 악한 행위는 없애거나 생겨나지 않게 하는 노력입니다. 바른 행위〔正業〕는 주지 않는 것을 빼앗지 않는 행위입니다. 바른 말〔正言〕은 이간질·거짓말·폭언 등을 하지 않는 말입니다. 바른 생각〔正思〕은 폭력과 상해를 벗어난 자비가 담긴 생각입니다. 바른 생활〔正命〕은 부끄러움을 아는 삶을 말합니다.

마지막으로 연기법의 진리를 통하여 우리는 소멸消滅을 배울 수 있습니다.

소멸은 갈애와 집착이 가져오는 현실을 깊이 이해하고 이러한 조건을 바로 볼 때 실현 가능하다고 부처님은 가르쳤습니다. 불교수행의 핵심이기도 한 소멸은, 구체적으로는 감각적 쾌락·갈애·집착·의도의 소멸입니다. 따라서 소멸은 폭력·분노·무지가 일어나는 현실의 구체적 사건 속에서 이러한 고통의 원인인 갈애·집착·의

도를 자신의 마음속에서 볼 때 실천할 수 있는 매우 지적인 수행의 결과입니다. 이러한 수행과정에는 진지한 내적 새김〔正念〕과 집중〔正定〕이 필요합니다.

인간의 삶 속에서 일어나는 고통과 욕망에 대한 진지한 성찰을 통하여 소멸은 실현될 수 있습니다. 욕망과 고통에 대한 진지한 문제의식이 없거나 결여되었을 때, 소멸은 단멸斷滅로 잘못 오해되거나, 혹은 또 다른 욕망의 위장된 형태로 받아들여질 위험이 있습니다.

소멸과 행복의 진리는 희망의 메시지

고통과 재난에는 원인이 있으며, 그 원인을 없앨 수 있다는 겨우 두 줄로 된 소멸의 가르침을 듣고 당대의 학자 싸리뿟따는 부처님께 귀의했습니다.

원인을 볼 수 있고 원인을 없앨 수 있다는 부처님의 말씀은 싸리뿟따에게 실로 천둥 번개와 같은 외침이며, 어둠 속의 빛과 같은 놀라운 소식이 아니었나 생각됩니다.

『쌍윳따니까야』 제5권 셀라경에는 비구니 셀라스님이 악마의 유혹에 대하여 "이 환영은 내가 만든 것이 아니며 이 재난은 타인이 만든 것이 아니니, 원인을 연유로 생겼다가 원인이 소멸하면 사라져 버린다."고 당당히 말합니다. 카스트제도나 관습은 인간의 욕망이 만든 것이니, 욕망의 소멸을 통해 그러한 고통에서 벗어날 수 있다는 가르침을 보면서, 모든 생명의 안녕과 행복을 위하여 전도를 선포하신 부처님의 뜻을 이해하게 됩니다.

소멸은 미움과 분노의 사라짐으로 나타납니다. 행복과 평정의 길이며, 폭력과 분노를 넘어서는 희망의 메시지입니다. 소멸은 니르바나(열반)로 불리는데, 불이 꺼진 상태로 비유되기도 합니다. 부처님은 이러한 열반의 성취, 즉 소멸에 이르는 길은 관습적 행위나 전통적 수행에 의해서는 얻어질 수 없다는 것을 경험하셨습니다.

『숫타니파타』5장 8편에 보면, 심지어 견해·학문·계율·지식·도덕에 의해서도 폭력과 분노의 번뇌를 벗어날 수 없으니, 오직 욕망과 집착을 깊이 살피고 버릴 때만 번뇌에서 벗어날 수 있다고 합니다. 필자는 그동안 살아오면서 빈부·계층·좌우·종교·국가를 막론하고 미움, 분노와 폭력(언어와 제도의 폭력을 포함하여)이 만연해 있는 현실을 볼 수 있었습니다. 미움과 분노, 경쟁을 이용하여 자기 존재나 소속 단체의 동일성이나 연대를 강화하는 사례가 흔합니다.

과연 상대방에 대한 미움과 분노로 이 세상에 진정한 평화가 올지 생각해 볼 문제입니다. 이러한 현실을 볼 때, 부처님께서 일찍이 고민하신 탐욕과 분노 등 고통의 보편성에 대한 인식과 그 문제의식의 진지함에 옷깃을 여미게 됩니다. 미움과 분노, 폭력에서 벗어나는 소멸의 심오한 가르침이야말로 평화와 평정의 길입니다.

현실에서 끊임없이 일어나는 인간의 고통과 그 원인을 물어가는 연기법적 이해는 주관적 신념이나 종교의 벽을 뛰어넘어 현실에 열려 있는 인간 이해의 태도이며, 무상無常과 고통의 진리를 알게 합니다. 욕망 속에 나와 나의 것이 없다는 무아無我의 깨달음은 사랑과 연민의 태도를 낳으며, 누구나 공감할 수 있는 실천의 길을 걷게 합니다. 원인을 없애면 그 결과가 사라진다는 소멸과 행복의 진리는 인간의 본성에 대한 이해와 더불어, 부조리와 고통에 처해 있는 인류에게 희망의 메시지입니다.

초기 경전을 살펴볼 때, 연기법의 진리는 인간이 직면하고 있는 고통의 조건과 원인에 대한 심오한 내적 성찰이라고 하지 않을 수 없습니다. 동시에 연기법은 욕망의 여러 형태를 이해함으로써 욕망의 묶임에서 벗어나는 길을 스스로 눈뜨게 하는 경험적·실천적 진리였습니다.

『쌍윳따니까야』 제6권 "수행승"경에 있는 부처님의 말씀을 인용하며 맺겠습니다.

"수행승들이여, 내가 청정한 삶을 사는 것은 괴로움을 두루 알기 위한 것이다."

역사 속에서 경전 읽기
-중도의 뜻과 그 역사적 의미-

도반을 통해 얻은 깨달음

아난다: 세존이시여, 훌륭한 벗, 훌륭한 친구, 훌륭한 도반과 사귀는 것이야말로 청정한 삶의 절반에 해당합니다.

세존: 아난다여, 그렇게 말하지 말라. 아난다여, 그렇게 말하지 말라. 훌륭한 벗, 훌륭한 친구, 훌륭한 도반과 사귀는 것이야말로 청정한 삶의 전부에 해당한다. 이렇게 훌륭한 벗, 친구, 도반과 사귈 때 여덟 가지 성스러운 길을 닦고, 여덟 가지 성스러운 길을 익히게 된다.

아난다여, 나를 훌륭한 친구로 삼아, 태어나야 하는 중생은 태어남에서 해탈하고, 우울·슬픔·고통·불쾌·절망의 상태에 있는 중생은 우울·슬픔·고통·불쾌·절망의 상태에서 해탈한다. 훌륭한 벗과 사귀는 것, 훌륭한 친구와 사귀는 것, 훌륭한 도반과 사귀는 것이 청정한 삶의 전부에 해당하는 데는 이러한 이유가 있다는 것을 알아야 한다.

(『쌍윳따니까야』 8권 "절반의 경" 발췌)

1976년 대학을 졸업할 즈음, 필자는 한 친구를 알게 되었습니다. 당시 그는 신학대학에 다니고 있었는데, 그는 필자에게 불교를 배우고, 대신 필자는 그에게서 기독교를 배우기로 하였습니다. 신앙에 상관없이 서로의 종교를 이해하기 위해서였지요. 먼저 필자가 알고 있는 불교를 설명해 주었고, 다음으로 그가 필자에게 『마가복음』을 위주로 예수님의 생애에 관하여 이야기를 해주었습니다. 이야기가 깊어짐에 따라 필자는 큰 충격을 받게 되었습니다. 그것은 그의 설명에서 예수께서 처한 역사적 현실과 사건에 대한 깊은 인식과 탐구를 보았기 때문이었습니다.

『마가복음』에 보면, 예수께서 십자가에서 숨을 거두신 후, 제자들이 그 시신을 찾았으나 찾지 못하였다고 합니다. 그때 천사가 나타나 말하기를, 예수께서 부활하여 제자들보다 먼저 갈릴리에 갔다고 전합니다. 역사연구에 의하여, 갈릴리라는 곳은 예루살렘과는 달리 가난한 이, 과부, 소작인들이 주로 살고 있던 곳입니다. 이러한 연구에 의해, 왜 예수께서 부활한 후 세상을 다스릴 권력의 중심지인 예루살렘에 가지 않고, 가난하고 핍박받는 이들이 살고 있는 갈릴리에 갔는지 그 까닭이 분명해졌다고 합니다. 또한 이러한 역사적 탐구에 의하여, 기독교인들이 예수의 말씀을 어떻게 받아들이고, 또 이 세상을 어떻게 살아야 하는지 좀더 구체적으로 이해하게 된다고 말했습니다.

이러한 설명을 들으며, 문득 필자는 부처님이 사시던 시대와 현실을 얼마나 알고 있는지 스스로 반문하게 되었습니다. 부처님은 4성제 등을 통하여 세상 사는 고통을 말씀하시고, 또 죽이지 말고, 빼앗지 말고, 음란하지 말라는 등의 말씀을 하셨는데, 불자로서 부처님의 출가 전후의 세상과 삶에 관하여 아는 바가 매우 부족하다는 것을 깨닫게 되었습니다. 출가 전 29년 동안 부처님께서는 무엇을 하고 지냈으며, 무엇을 보고 무슨 생각을 하셨을까?

출가 후, 깨달음을 이루시고 맨 처음 다섯 비구에게 말씀하신 법문이 중도中道의 진리입니다. 일반적으로 중도의 진리는 고행과 향락을 떠난 중도의 길로 이해됩니다만, 사실 중도의 뜻이 단지 고행과 쾌락의 양 극단을 떠난 중도라고 한다면, 이런 의미로서의 중도는 누구라도 곰곰이 생각해 보면 스스로 납득하고 또 말할 수 있는 지혜입니다. 이런 진리를 얻기 위해 부처님께서 6년의 긴 세월 동안 여러 스승을 찾고, 또 스스로 깊은 사색과 선정에 드셨을까요?

부처님께서 처음으로 설법을 여실 때 맨 처음 강조하셨듯, 왜 중도의 진리는 그토록 부처님 당신에게 절실한 문제였을까? 중도의 전제가 되는 두 가지 극단, 즉 쾌락과 고행의 삶은 부처님 당시 구체적으로 어떤 집단의 삶을 의미할까? 우리가 해석하고 있는 중도의 뜻이 혹 주관적 해석이나 도식적인 관념에서 나온 것은 아닐까? 중도가 뜻하는 역사 속의 의미는 무엇일까? 중도를 지키며 산다는 것은 어떤 삶을 말할까?

불교에 관하여 훌륭한 법문을 듣고 간혹 경전에 관한 전통적인 주석서를 공부하는 과정에서도 이러한 의문은 늘 마음 한 구석에 남아 있었습니다. 그 후 필자는 살아오면서, 부처님이 계시던 당시의 역사적 삶을 깊이 이해할 때, 부처님의 가르침을 좀더 구체적이고도 현실적으로 이해할 수 있다는 확신을 가지게 되었습니다. 그런데 이러한 인식과 문제의식을 가지고 불경을 대할 때 발견하게 되는 점은, 경전은 그 속에서 놀라울 정도로 많은 역사적 진실을 보여주고 있다는 사실입니다.

부처님 당시의 역사적 삶

부처님께서 나시기 전 B.C. 7세기에서 세상에 계셨던 B.C. 5세기까지 약 200여 년 동안 북인도는 국가의 숫자가 7개에서 2개로 줄어드는 전쟁의 시대였습니다. 급기야 부처님도 당신께서 왕세자로 있던 카필라국이 침략을 당하여 망하고, 왕족이었던 석가족들이 모두 살육당하는 현실을 살아 생전에 목격하게 됩니다. 이처럼 전쟁과 약육강식의 세상에서 사셨으니, 경전 곳곳에 부처님께서 왕이나 전사 집단과 대화를 나눈 내용이 기록되어 있는 것을 보게 됩니다.

『쌍윳따니까야』 제7권 "전사"의 경에 보면, 전사들이 모여 사는 마을에서는 옛날부터 전쟁을 하다가 살해당하면 하늘나라에 태어난다는 믿음을 가지고 있었습니다. 이에 대해 전사마을의 촌장이 부처님의 의견을 물으니, 부처님은 처음에는 말씀을 사양하시다가 촌장의 거듭되는 간청에 따라 대답합니다. 부처님은 생명에 고통을 가져오는 모든 폭력과 살생의 의도는 악한 행위이니, 이런 의도를 가지고 싸우다가 죽으면 지옥에 태어난다고 말씀합니다. 지금 이 시대에도 이런 말을 하려면 상당한 용기가 필요합니다.

이러한 시대에 전통종교인 바라문교도들은 왕에게 전쟁의 승리와 번영을 빌어주고, 대신 그 제사에 바쳐지는 공물로 소유를 늘이고 쾌락을 추구했습니다. 이러한 공물에는 소·침구·화려한 의복·수레·호화롭게 꾸며진 주택과 잘 치장한 여자까지 포함되어 있었다고 경전(『숫타니파타』 제2 소품 7장 바라문다운 것)은 전하고 있습니다. 종교적 행위를 위장하여 세속적 쾌락을 추구하는 당대의 현실을 그대로 전하고 있습니다. 부처님께서는 바라문들에게 그들의 종교가 옛날에는 무소유와 절제된 부부생활, 탁발에서 시작하였다는 것을 상기시키며 준엄한 비판을 합니다. 『쌍윳따니까야』 1권에 보면, 부처님은 가난한 자에게 집을 지어주고 우물을 파줄 것을 말씀하시고, 또 남의 눈에 눈물을 흘리게 하는 자의 보시는 받지 말라고 하십니다. 남의 눈에 눈물을 흘리게 하는 자와 그런 보시를 받는 자는 그 당시에 과연 어떤 집단이었을까요?

한편 이러한 현실 속에서 세상에 대한 새로운 인식이 일어나고 있음을 경전은 보여주고 있습니다. 즉 현실의 제도와 부조리한 관습을 합리화하는 전통적인 인과윤리를 거부하거나, 스스로 신체적인 고행을 통하여 해탈할 수 있다는 고행주의가 나타납니다.

부처님은 출가 후 새로운 사상을 대표하는 당대의 여러 스승들을 방문했습니다. 특히 이들 중, 알라라 깔라마와 웃다까 라마뿟다 등에게 제자로서 이들의 가르침을 직접 배웠다고 합니다. 그러나 부처님은 이들의 교리가 윤리적 행위를 가져오는 합리적 인과법칙을 무시하는 것임을 깨닫고는 이들을 떠납니다. 사회적 윤리나 합리적인 인과법칙을 무시하는 종교나 사상은 인간사회에 선한 행위를 가져오지 못하는 맹목적인 교리이기 때문입니다.

중도의 가르침, 그 배경

부처님이 말씀하신 중도의 가르침을 역사와 현실 속에서 새겨보면, 중도는, 한편으로는 자기와 자손의 부와 명예를 위해 제사와 주문을 외우며 소유의 욕망을 부추기면서도, 약탈과 전쟁, 폭력을 외면하는 전통적 브라만 종교에 대한 비판이며, 또 한편으로는 부조리한 현실을 거부하지만 합리적인 인과관계를 무시하고 맹목적인 고행을 주장하는 새로운 사상에 대한 비판이니, 모두 당대 현실사회를 이끌어 가는 사상집단에 대한 비판에서 나온 것임을 알 수 있습니다. 따라서 중도의 의미는 당대의 전통종교나 새로운 수행집단이 외면하고 있는 윤리를 회복하려는 부처님의 현실적인 문제의식 속에서 이해해야 할 것입니다.

이렇게 볼 때, 중도의 중中은 우리가 지금 흔히 생각하듯 고도로 이론적이거나 추상적인 개념이기보다, 당시에는 오히려 윤리적 성찰과 합리적 도덕규범을 의미했던 것이 아닐까요? 놀라운 것은 부처님이 지향하는 윤리적 성찰과 실천이 인간의 욕망에 대한 이해에서 출발하고 있다는 것입니다. 따라서 불교가 세상에 널리 퍼질 수 있었던 것은 인간이 가지는 보편적인 욕망을 깊이 이해하여, 마음의 평화와 자비를 추구했기 때문이 아닌가 생각하게 됩니다.

중도의 삶은 세상의 욕망을 진지하게 관찰하는 과정에서 얻어지는 것이니, 부처님은 그 구체적 실천 덕목으로 8정도를 제시하고 있습니다. 8정도는 자기의 쾌락과 소유를 위하여 인간이 범하는 여러 폭력적 삶에서 벗어나는 바른 길을 의미합니다.

『쌍윳따니까야』 8권 "분별"경에는 8정도의 윤리적 의미를 잘 보여주고 있습니다. 정견正見은 욕망이 고통을 가져오니 욕망을 그치는 것이 세상의 고통을 멈추는 길이라는 것을 아는 견해입니다. 이러한 견해는 살생·폭력·분노·미움·탐욕·약탈 등 세상의 고통에 대한 도덕적 문제의식이나 성찰이 없이는 나올 수 없습니다.

정사유正思惟는 남을 해치려는 폭력과 분노가 없는 사유입니다.

정언正言은 위증, 이간질·욕지거리·꾸미는 말을 삼가는 것이며, 정업正業은 바른 행위이니, 생명을 죽이지 않고, 주지 않는 것을 빼앗지 않는 것입니다.

정명正命은 바른 생활로서 부끄러움을 아는 매우 도덕적인 삶을 의미하고 있습니다. 또 정정진正精進은 바른 노력입니다. 일어난 악은 없애려고 노력하며, 일어나지 않은 착하고 건전한 것은 생기도록 노력하는 것입니다.

정념正念은 네 가지 바른 새김〔四念處〕으로, 몸과 느낌, 마음 등에서 욕망을 잘 관찰하고 나아가 부처님의 가르침을 잘 관찰하고 새기는 것이며, 정정正定은 바른 집중이니 몸과 마음의 흔들림을 잘 다스리는 선정을 의미합니다.

8정도를 당대 역사와 현실 속에서 자세히 살펴보면, 8정도의 가르침 속에는 당대의 종교나 사상적 조류에 대한 비판과 극복의 긴장관계가 숨어 있는 것을 발견하게 됩니다. 당시에는 코살라국이나 마가다국 등 강대국이 벌이는 전쟁 속에 백성의 고통이 가중되었으며, 이 때문에 거지나 사문이 되는 사람이 많았습니다.

전쟁의 실상은 살생과 폭력으로 남의 토지와 재물을 빼앗는 것입니다. 한편, 전통적 브라만교에서는 짐승을 죽여서 제사를 지냈는데, 그 수가 엄청나게 많았다고 합니다. 왕을 위한 제사일수록 그만큼 살생의 수가 많았으며, 그 대가인 공물도 많았습니다. 따라서 브라만들은 더욱 많은 공물을 차지하기 위하여 제사의 규모를 거대화하고 새로운 주문을 계속 만들었습니다.

이러한 현실에서 폭력과 분노에서 벗어난 사유를 가르치는 바른 생각(正思惟), 폭력적 언어와 남을 속이는 말이나 법적 위증을 멀리하라는 바른 말(正言), 살생을 금하며, 주지 않는 남의 것을 빼앗지 않는 바른 행위(正業), 부끄러움을 아는 삶인 바른 생활(正命) 등의 도덕은 당대의 정치현실과 기존 종교의 실상을 볼 때, 그 의미가 더욱 분명합니다.

당대의 부조리한 현실에 대하여 새로운 사상가들은 신체적 고행을 해탈의 길로 제시하고, 도덕적 인과를 거부하여 어떠한 보시나 자비도 그 결과는 없다는 이론(無因無果)을 주장했습니다. 이에 반하여 부처님은 바른 선정(正定), 바른 노력(正精進)과 바른 새김

〔正念〕을 제시했습니다. 몸의 행복과 마음의 평정을 가져오는 선정이 바른 집중〔正定〕이니, 부처님의 선정은 신체적 고통을 주장하는 고행과는 아주 다른 수행입니다. 욕망을 자신 안에서 살피는 관찰과 새김〔正念〕을 통하여, 고통의 원인과 결과〔因果〕를 이해하게 되어, 악을 제거하고 선과 행복을 일으키는 바른 노력〔正精進〕을 하게 됩니다. 결국 바른 새김과 바른 노력은 인간의 고통을 관찰하고 행복한 삶을 실천하는 것이니, 도덕적 인과가 없다거나 모든 것이 정해져 있다는 숙명론 등 새로운 사상가들의 허무주의를 넘어서는 가르침입니다. 고통과 고통의 원인을 인간의 욕망에서 이해하는 정견은 당시의 역사 속에서는 매우 새로운 인과이론〔緣起法〕입니다. 정견은 '나'와 '나의 것'이라는 존재의 욕망을 뛰어넘어, 자비와 보시를 실천해야 하는 도덕적 당위의 근거가 됩니다.

부처님의 인과법은 고통의 원인을 찾아가는 연기법적인 사유를 통하여 고통의 원인인 욕망을 소멸하고, 나아가 사랑·연민·남의 행복을 기뻐함·마음의 평정〔四無量心〕을 실천〔因〕하여 인간사회에 행복의 과果를 가져오는 도덕실천의 기초입니다. 따라서 부처님의 인과법은 인간의 행복을 제사와 주문 속에서 구하는 전통적 인과법이나 혹은 신체적 고행에서 해탈을 추구하며 사회 도덕적 인과윤리를 거부하는 고행주의와는 다릅니다. 그래서 그 실천영역이 인간의 현실 속에 존재하는 매우 보편적인 욕망을 다루고 있습니다. 이렇게 볼 때, 중도는 타락한 보수적 종교와 이에 반대하는 새로운 사상집단의 과격함에 대한 새로운 대안으로 볼 수 있지 않을까요? 중도를 주장한 부처님을 볼 때 당대의 부조리한 현실과 그 속에서 일어나는 종교와 사상의 혼란을 자신의 문제로 안고 고민한 35세 중년의 수행자로서 부처님을 떠올릴 수 있지 않을까요?

이렇게 역사 속에서 중도의 의미를 살펴보면, 8정도의 구체적 실천덕목에서 보듯, 중도는 당대 현실과 도덕의 혼란을 직접 경험하고 고민하신 부처님께서 내놓은 새로운 가르침임을 알 수 있습니다. 그것은 부조리한 현실의 고통[果]과 인간의 욕망[因]을 성찰하며, 이 세상의 평화를 구하는 도덕적 삶입니다.

간혹 분쟁지역인 아프카니스탄에서 여성에 대한 폭력이 뉴스로 전해집니다. 대부분 이 지역에 구호활동을 하러 온 해외 봉사자들에 의해 저질러졌다고 하는데, 구호물품을 미끼삼아 이런 일이 일어났다고 합니다. 그리고 구호활동이 그 지역 사람의 고통에 다가가기보다 자신의 구호실적을 알리는 데 급급하다고 합니다. 더구나 구호기관과 그들이 타는 비싼 차량은 북새통을 이루는데, 정작 아프가니스탄의 어려운 사람들은 실제로 도움을 그렇게 피부로 느끼지 못한다는 보도를 본 적이 있습니다.

북한에 몇 년간 의사로서 구호활동을 한 후 "미친 곳에서의 일기"라는 수기를 쓴 어떤 독일 의사는 북한을 망치는 또 하나의 큰 요인으로서 국제 엔지오를 들었습니다. 그들은 북한 주민을 무시하고, 외국의 언론사가 오면 사진 찍기에 바쁘며, 북한 주민들의 고유한 문화를 무시하고 자존심에 상처를 내는 일이 많다고 합니다. 물론 이러한 일들이 일부 엔지오들에게 국한되는 이야기겠지만, 이런 현실을 보면서, 새삼 인간의 욕망을 현실과 도덕적 윤리 속에서 깊이 통찰한 부처님의 가르침을 되새기게 됩니다.

불자가 지켜야 하는 5계 중에서 세 번째가 음란하지 말라는 불사음계不邪婬戒입니다. 초기 경전과 그 시대의 현실을 보면, 불사음계가 재물과 여자를 약탈하고, 쾌락과 소유와 권력을 추구하던 당대의 현실 속에서 이 말씀을 하고 있는 것을 알 수 있습니다. 즉, 불사음계는 단순히 남녀 사이의 성적 문란을 문제삼았다기보다 여자는 물론 부모·보호자·약혼자, 나아가 마을사람 등에게 폭력과 거짓, 욕설 등 신체적·정신적 고통을 초래하는, 사회적 현실 속의 고통을 의미하고 있습니다.

열 가지 착한 길[十善道]

지금까지 중도나 8정도의 의미를 주로 초기 경전과 관련해 말씀을 드렸습니다만, 대승경전인 『아미타경』에 보면, 극락의 새들은 오근(믿음·정진·새김·집중·지혜), 오력, 7각지와 8정도를 노래합니다.

『미륵상생경』에는 하늘궁전의 나무에 바람이 불면, 서로 부딪치며 소리를 내는데 그 소리는 고苦·공空·무상無常·무아無我 등의 바라밀을 연설하며, 또 범천의 궁에 천녀天女의 음악도 같은 소리로 연주하고 있다고 적혀 있습니다. 또한 이 경의 곳곳에 열 가지 착한 길[十善道]를 강조하고 있는 것을 볼 수 있습니다.

십선도는 ① 죽이지 않고[不殺生], ② 빼앗지 않고[不偸盜], ③ 음란하지 않고[不邪淫], ④ 거짓 증언하지 않고[不妄語], ⑤ 이간질 않으며[不兩口], ⑥ 욕하지 않고[不惡口], ⑦ 허튼 말 등 꾸미는 말을 하지 않고[不綺語], ⑧ 탐욕을 부리지 않고[不貪欲], ⑨ 성내지 않으며[不瞋恚], ⑩ 삿된 견해를 멀리하는 것[不邪見] 등이니, 모두 초기 경전에서 강조하신 부처님의 근본적인 가르침을 의미와 형식 그대로 인용하고 있는 것을 볼 수 있습니다.

남전 중아함경(『맛지마니까야』, 비유법의 품, 고귀한 구함의 경)에 보면 부처님께서 출가하여 여러 스승을 찾은 것은 "착하고 건전한 것을 구하고, 최상의 평화를 구하기 위해서"라고 말씀하고 있습니다. 같은 중아함 경전 중 "올바른 견해의 경"에서는 "착하고 건전한 것"은 바로 위의 열 가지 착한 길을 지키는 것이요, 악하고 불건전한 것은 위의 열 가지 착한 길을 지키지 않는 경우라고 말씀하시며, 특히 악하고 불건전한 것의 뿌리는 탐욕과 성냄과 어리석음이라고 말씀하십니다. 십선도를 보면, 개인의 윤리적 실천과 수행이 사회적 도덕성을 함께 띠고 있는 것을 볼 수 있습니다. 이렇게 상좌부에서 전하는 경전이나 대승불교에서 전하는 대승경전 모두 무상·고·무아나 십선도·7각지·8정도 등 부처님의 근본 가르침을 똑같이 전하고 있는 것을 볼 수 있습니다.

수행의 본래 모습을 찾아서

학문적 연구에 의하면, 부처님께서 돌아가신 후 500여 년이 지날 즈음(A.D. 1세기 전후)에 『금강경』 등 여러 대승경전들이 나왔다고 합니다. 그러면, 대승경전을 전하던 부처님의 제자들은 기존 승단에 대해서 어떠한 태도와 인식을 하고 있었을까요?

기존의 승단이 이미 경과 율과 논 등 삼장三藏을 소유하고 왕과 부호들의 후원으로 커다란 세력이 되어 있는 현실에서, 적은 세력임에도 따로 경전을 만들어 자비와 공空을 부처님의 올바른 말씀으로 주장할 정도의 심각한 갈등은 무엇이었고 그 역사적 의미는 무엇일까요?

『금강경』을 보면, 당대의 불교현실이 과연 부처님의 말씀대로 살고 있는지 깊이 성찰하고 있음을 보여 줍니다. 즉, 보시를 하면서 도리어 자신에 대한 보상을 기대하는 이기적 욕망을 문제 삼고 있으며, 또 수행을 함에 따라 한층 높은 단계의 수행경지를 얻어간다고 생각하는 권위의식을 비판하고 있습니다. 『금강경』은 남에 대한 순수한 보시를 진정한 자비의 실천으로, 그 과정에서 받게 되는 고통을 참고 견디는 인욕수행 등을 가르칩니다. 따라서 무상無常과 무아無我의 진리는 바로 이러한 윤리적 실천과정 속에서 얻어진다고 말합니다. 그리고 물질·감수·지각·형성·의식〔色受想行識〕 등 오온五蘊과 세계를 미세하게 분석하는 관찰을 통해 무상과 무아의 깨달음을 한 단계씩 얻어 나간다고 생각하는 수행집단을 비판하고 있습니다.

『소품반야경』에서는 4가지 성인의 지위(수다원·사다함·아나함·아라한)를 얻어 가는 과정 속에 일어나는 자만과 오만을 비판하고 있으며, 『문수설반야경』에는 진정한 아라한의 의미를 묻고 있습니다. 『화엄경』 십지품十地品에는 중생에 대한 사랑이 모든 수행의 출발점이며, 동시에 그 실천 장소가 인위적 수행공간이 아닌 중생이 사는 현실세간임을 강조하고 있습니다. 필자는 당시 기존 승단에서 실천했던 수행의 성격과 현실이 해명될 때, 대승불교에서 말하는 십지품의 고유한 의미가 역사적 관점에서 새롭게 밝혀질 수 있다고 생각합니다.

아함부 경전 중에서도 초기에 성립된 경전을 읽을수록, 필자는 현실의 고통과 인간의 욕망을 깊이 이해하는 윤리적 성찰과정이 곧 중도의 삶이며, 또한 수행의 본래모습이 아닌가 생각하게 됩니다. 또한 초기 대승경전들을 역사적으로 살펴볼 때, 그 속에도 부처님의 가르침을 선정과 수행 위주로 해석하고 있는 기존 승단의 인식을 극복하고, 부처님이 실천하신 자비를 수행 안에서 회복하려는 윤리적 태도를 볼 수 있습니다. 나아가 그 실천 영역을 수행 위주의 공간에서 세상의 구체적 현실로 다시 돌이키려는 역사적 사명감을 읽을 수 있습니다. 이러한 대승경전의 출현을 통하여, 윤리적 성찰과 자비의 실천을 말씀하신 부처님의 가르침이 끊어지지 않고 역사 속에서 이어져 오고 있음을 보게 됩니다.

오늘 우리 주위에 성행하는 몇몇 수행단체의 면모를 보면, 수행의 이론과 기법에는 다양한 실천과 탐구가 있으되, 역사와 현실에 대한 진지한 윤리적 고민은 부족한 것을 보게 됩니다. 인간의 욕망이 사회적·역사적 성격을 띠는 것을 볼 때, 결국 개인적 수행과 사회적 현실이 분리되지 않고 하나가 되는 길은, 수행과 실천에서 세상의 욕망을 성찰하고 도덕적 실천을 회복하는 중도의 삶을 실천하는 데 있지 않을까요?
부처님께서 베푸신 여러 가르침 가운데 특히 다섯 비구에게 맨 처음 말씀하신 중도의 가르침은 종교의 역할이 강조되는 오늘의 현실 속에서 깊이 새기고 이어져야 할 화두라고 생각합니다.

아난존자의 수행

아난존자는 경전을 가까이 하는 불자에게 매우 친숙한 분입니다. 모든 경전은 첫머리에 "이와 같이 나는 들었다"로 시작하고 있으니, 이때의 "내"가 곧 아난존자이기 때문입니다. 아난존자는 잘 알려져 있다시피 부처님께서 임종하시기 전 마지막 25년간 부처님의 시자노릇을 하신 분입니다. 부처님을 오래 모셨고 시자로서 가까이한 분인데다가, 같은 석가족이며 부처님의 사촌동생입니다. 거기다가 총명하시어 부처님의 모든 말씀을 잘 기억하신 분입니다. 부처님께서 임종하신 후, 남은 제자들이 부처님의 말씀을 외워 경으로 남길 때(이를 제1결집이라고 합니다), 당연히 아난존자가 이 경전송출의 역할을 맡았습니다.

베데하의 성자 아난존자

이렇게 잘 알려진 아난존자는 과연 어떤 분일까요?

남방전승에 의하면 아난존자는 부처님과 같은 나이로 알려지고 있습니다. 즉 같은 해 같은 날 태어나서 세존이 돌아가신 후 40년을 더 살았다고 하니 수명이 120세인 셈입니다. 삼장법사 현장이 쓴 『대당서역기大唐西域記』에 보면, 아난존자는 세존이 돌아가시고 가섭존자마저 세상을 떠난 후에 살아서 정법을 지켰다는 이야기를 적고 있습니다. 그런데 부처님께서 80살로 임종하실 즈음, 속탈이 나시어 목이 말라 물을 구하셨을 때 아난존자가 물을 구하러 다닌 이야기가 있는데, 그렇다면 같은 80살 드신 노인인 아난존자가 시자로서 물을 구하러 다닌 것이니, 지금의 우리로서는 약간 이해하기가 어렵습니다.

한편 북방전승에 의하면 아난존자가 아주 어린 사람으로 묘사되곤 하는데, 서경보 스님이 지은 『석가여래와 그 제자전』에는 부처님께서 출가할 때, 아난은 7~8세 정도로 라훌라와 비슷한 나이라고 하며, 한편 부처님 만년에 시자를 할 때가 27세이고 그 후 25년을 시봉하였다고 합니다. 이렇게 보면, 부처님께서 80세로 임종하실 때, 아난존자의 나이는 52세입니다. 지금으로부터 2,500년 전인 그 옛날을 생각하면 아난존자는 부처님 열반 당시 이미 노경에 든 분임을 짐작하게 됩니다. 어떤 학자는 80이라는 숫자는 실제 숫자가 아닌 경건한 숫자여서 (예를 들어 8정도, 8만대장경 등입니다) 부처님과 같은 성인聖人의 수명을 표현할 때 쓰는 상징적인 숫자라고도 합니다.

아난존자는 경에서 보듯, 매우 정이 많으신 분으로 보여집니다. 부처님의 이모이자 부처님을 손수 길러주신 마하빠자빠띠 고따미가 그 먼 길을 맨발로 찾아와 출가를 간청할 때, 부처님은 열악한 당시의 상황과 탁발수행자의 어려움을 생각하여 반대하셨습니다. 그러나 아난존자는 여성도 진리를 깨칠 수 있으며 그 깨침은 모든 이에게 기쁨을 줄 수 있다고 끝까지 설득하여 결국 부처님의 허락을 받아냈던 것입니다. 아난존자는 부처님께 여러 번 청하여 여성의 출가를 허락하게 하셨으니, 아난존자에 대한 부처님의 신뢰를 짐작하게 합니다. 아난존자로 인하여 여성도 출가하여 부처님의 진리를 배우고 번뇌를 여읜 아라한이 되는 길이 열린 것입니다.

초기 경전인 『장로니게長老尼偈』나 『쌍윳따니까야』 수행녀품에 보면 심오한 깨달음을 얻으신 고매한 비구니 스님들의 언행이 소개되고 있습니다. 그 경전에는 부처님 당시의 비구니 스님이 탁발수행승으로서 겪어야 했던 많은 고통과 유혹에도 불구하고 욕망을 물리치고 깨달음을 얻으신 품행과 말씀을 볼 수 있습니다.

이렇게 부처님은 아난존자를 매우 훌륭한 수행자로 신뢰하고 있으며, 또한 비구니스님들도 아난존자를 베데하(Videha; 밧지국

위에 위치한 큰 지역의 이름. 한편으로 밧지국에는 리치비족과 베데하족이 있었다는 기록으로 보아 종족의 이름으로도 쓰여졌습니다.)의 성자 聖者라고 부르며 존경하였습니다.

아난존자와 가섭존자 사이의 갈등

부처님께서 돌아가시자 부처님께서 남기신 말씀을 경으로 결집하기 위하여 모든 비구들이 아난존자를 부를 것을 요구합니다. 그러나 가섭존자는 아난존자가 애착·성냄·두려움·어리석음이 남아 있다고 반대합니다. 율부 4분율 "계법을 모은 5백사람품"(한글대장경, 동국역경원 발행)에 보면, 가섭은 아난존자가 애착, 성냄, 두려움, 어리석음을 여의지 못하여 무학(無學; 배울 것이 없는 아라한의 경지)에 이르지 못한 사람이라고 비난하며, 경을 결집하는 데 참석할 자격이 없다고 주장합니다. 이러한 가섭의 주장에 대하여, 여러 비구들은 아난존자가 없으면 경을 외울 수 없다고 참석을 요구합니다.

사실 25년을 시자로서 부처님을 가까이 모신 아난존자를 빼놓고 어떻게 부처님 말씀을 결집할 수 있겠습니까? 이 품에 의하면, 결국 발사자비구가 나타나 아난존자를 깨우쳐 밤사이에 아라한이 되게 한 다음, 아난존자가 경의 결집에 참가하게 되었다고 전합니다.

부처님의 열반 후, 가섭존자는 아난존자의 죄를 성토하는데, 그 이유가 "계법을 모은 5백사람 품"에 적혀 있습니다. 그때 상황을 이 품에 따라 구성하면 아래와 같습니다.

가섭 첫째, 그대는 불법 중에 처음으로 여자를 출가하도록 권하여, 두스크르타(한문으로 惡作이니, 나쁜 짓을 행한 것을 말함) 죄를 범했으니 이제 참회해야 하오.
아난 대덕이여, 내가 고의로 한 것이 아닙니다. 부처님의 이모 마하빠자빠띠는 생모께서 돌아가신 후 부처님을 직접 기르셨으니 부처님께 큰 은혜를 베푸신 것입니다. 어찌 그분의 간청을 외면할 수 있겠습니까? 나는 여기에 대하여 죄가 있다고 보지 않습니다. 그러나 대덕(가섭을 지칭합니다)을 믿는 까닭에 지금 참회는 하겠습니다.

가섭 그대는 부처님께서 세 차례나 시봉을 하라고 청하였는데도 하지 않겠다고 하여서 두스크르타 죄를 범했으니 이제 참회해야 하오.
아난 내가 고의로 한 것이 아니라 부처님의 시봉을 하기가 어려운 일이므로 못하겠다 하였을 뿐입니다. 나는 여기에 대하여 죄가 있다고 보지 않습니다. 그러나 대덕을 믿는 까닭에 지금 참회는 하겠습니다.

가섭 그대는 부처님의 가사를 꿰맬 때, 발로 밟고 꿰매서 두스크르타 죄를 범했으니, 이제 참회해야 하오. - 부처님의 가사를 발로 밟고 꿰매는 것은 불경스러운 행위라는 것입니다. -
아난 대덕이여, 그것은 내가 오만해서가 아니라 아무도 잡아줄 사람이 없어서 그랬습니다. 나는 여기에 대하여 죄가 있다고 보지 않습니다. 그러나 대덕을 믿는 까닭에 지금 참회는 하겠습니다.

가섭 부처님께서 열반에 드실 뜻을 세 차례나 그대에게 말씀하셨는데도, 그대는 부처님께 세상을 가엾게 여겨 한 겁이나 두 겁을 더 세상에 머무시도록 간청하지 않아서, 두스크르타 죄를 범했으니 이제 참회해야 하오. - 부처님께서 80세로 돌아가신 것은 아난존자가 더 살아 계셔달라고 요청하지 않았기 때문이라는 것입니다. 여기에는 부처님이 수명을 마음대로 조절할 수 있는 신통력이 있는 존재라고 여기는 사고가 있습니다. -
아난 대덕이여, 내가 고의로 한 것이 아닙니다. 악마가 내 마음에 붙어 있어 내가 그러한 간청을 하지 못했습니다. 나는 여기에 대하여 죄가 있다고 보지 않습니다. 그러나 대덕을 믿는 까닭에 지금 참회는 하겠습니다. - 남전 『열반경』이나 『쌍윳따니까야』 탑묘경에 보면, 세존께서 열반에 드시는 이유가 두 가지가 있는데, 첫째는 아난존자가 부처님께 수명을 연장하시라고 청하지 않았기 때문이요, 둘째는 부처님의 법이 모든 사부대중과 세계에 널리 잘 알려져 부처님의 소원이 이루어졌다는 악마 빼삐만의 말을 세존께서 받아들였기 때문이라고 합니다. 이 중 첫째 이유를 주장하는 자가 누구라고 경전에 나오지 않고 있으나, 가섭존자는 여기서 이러한 주장을 펴고 있습니다. —

가섭 부처님께서 살아 계셨을 때, 그대에게 물을 청하였는데 그대가 드리지 않아서 두스크르타 죄를 범했으니 이제 참회해야 하오.
아난 내가 고의로 한 것이 아니라, 그때에 500대의 수레가 강을 건너서 물이 흐려졌으므로 부처님께서 마시면 혹 병환이 날까 걱정이 되어서였습니다. 그러므로 드리지 않았습니다.

가섭 그대는 다만 드리기만 하면 부처님의 위신력이나 하늘무리들의 힘으로 깨끗하게 되었을 것이요. — 가섭존자는 초자연적인 존재의 힘이나 부처님의 신통을 믿는 분이라는 것을 알 수 있습니다.
아난 그러나 나는 여기에 대하여 죄가 있다고 보지 않습니다. 그러나 대덕을 믿는 까닭에 지금 참회는 하겠습니다.

가섭 그대는 부처님께서 어떠한 것이 사소한 계인가를 여쭙지 않아서 두스크르타 죄를 범했으니 이제 참회해야 하오. — 부처님께서 임종하실 때, 당신께서 그 동안 제정하신 사소한 계를 모두 버리라고 말씀하셨습니다. 계는 원래 부처님의 명에 따라 상황에 맞게 제정되었고 또 그 후 상황의 변화에 따라 유연하게 보완되었는데, 부처님께서는 당신이 안 계신 앞날을 위해 이런 말씀을 하신 것이라고 짐작됩니다. 그러나 부처님께서 돌아가신 후, 비구들 사이에 버려야 할 "사소한 계"가 과연 무엇인가에 대한 해석에 이견이 있었고, 이에 대하여 가섭존자는 모든 계율을 그대로 지킬 것을 주장합니다. -

아난 내가 고의로 한 것이 아니라 그때에 내가 근심 걱정이 있어 마음 둘 바를 몰라 실수를 하여서 부처님께 어떠한 것이 사소한 계인가를 묻지 않았을 뿐입니다. 그러나 나는 여기에 대하여 죄가 있다고 보지 않습니다. 그러나 대덕을 믿는 까닭에 지금 참회는 하겠습니다.

가섭 그대는 여인이 부처님의 발을 더럽히는 것을 막지 않아서 두스크르타 죄를 범했으니 이제 참회해야 하오. - 부처님께서 숨을 거두신 후 가섭이 와서 보니, 관 속에 부처님의 발이 더럽혀져 있는 것을 발견합니다. 그것은 세존의 발에 대고 슬퍼하던 우바이(여성신도)들이 부처님의 발을 잡고 울어서 그리 된 것이나, 가섭은 이에 대해 아난존자에게 섭섭한 마음을 가집니다. 장례형식이 부실했다는 것이지요. -

아난 내가 고의로 한 것이 아니라 여자들은 마음이 약해서 부처님의 발에 예배할 때에 슬피 울다가 눈물을 흘리고 다시 손으로 만져서 더럽혀졌습니다. 그러나 나는 여기에 대하여 죄가 있다고 보지 않습니다. 그러나 대덕을 믿는 까닭에 지금 참회는 하겠습니다.

지금으로부터 2,500년 전의 일을 오늘 우리의 가치관에서 판단하기에는 일정한 한계가 있을 것입니다만, 어쨌든 부처님의 임종을 즈음하여 아난존자와 가섭존자 사이에 여러 갈등이 있었음을 보여주고 있습니다. 위의 상황을 잘 헤아려 보면 두 분 사이의 갈등의 내용과 그에 대한 인식의 차이를 잘 알 수 있지 않을까요? 나이를 따져보면, 남방전승에 의하면 80살이 다된 노인끼리의 일이요, 북방전승에 따르더라도, 두 분은 이미 몇십 년 수행을 하고 나이로는 50세를 훌쩍 넘어선 당시로는 노년의 나이입니다. (필자가 과문의 탓이겠으나, 가섭존자의 나이는 정확히 알려지지 않고 있으며, 아난존자보다 나이가 많은 것으로 알려져 있을 뿐입니다.)

초기 경전 『쌍윳따니까야』에는 두 분 사이의 갈등을 있는 그대로 보여 주는 대목이 여럿 있는데, 그 중 눈에 띄는 것을 보면 다음과 같습니다. 『쌍윳따니까야』 제16 쌍윳따 "훈계경"에 보면, 가섭은 부처님께 아난의 제자들이 수행은 하지 않고 말만 많고 오만하다고 비난합니다. 또 제16 쌍윳따 "처소경"에 보면 이런 내용이 있습니다.

부처님께서 열반하신 후, 가섭존자는 아난존자를 시자로 대동하고(경에는 최소한 50살이 훨씬 넘은 아난존자를 시자로 표현하고 있습니다. 시자는 탁발할 때 노승을 대동하는 젊은 수행승을 의미합니다) 비구니 처소에서 아난존자를 앞에 놓고 비구니들에게 설법을 합니다.

이때 비구니 툴라띳싸가 가섭존자에게 베데하의 성자라고 알려진 아난존자를 이렇게 대접해도 옳은가 하고 따집니다. 또한 "바늘장사가 바늘 만드는 사람 앞에서 바늘을 팔 수 있느냐?"고 묻습니다. 요사이 말하면 공자 앞에서 누가 감히 문자를 쓰느냐는 거지요. 가섭존자도 지지 않고 "누가 바늘장사이고 누가 바늘 만드는 사람인가?"라고 되물으며 반박합니다. 이어서 가섭존자는 아난존자는 승가에 들어올 때는 아무것도 모르고 출가했지만, 자기는 이미 부처님의 가르침을 받은 후, 부처님과 같은 경지에서 출가하였다고 주장합니다. 이러한 가섭존자의 해명에도 불구하고, 이 경에서는 툴라띳싸가 청정한 삶을 그만 두었다고 전하니, 툴라띳싸는 환속하였거나 승단을 떠난 것을 의미하고 있습니다. 이러한 일이 경전에 기록되어 있는 것으로 보아 승단을 떠난 사람이 툴라띳싸 비구니 한 사람은 아닐 듯합니다.

한편, 16쌍윳따 11경 "가사경"에 보면, 부처님께서 열반하신 후, 가섭존자는 아난존자와 그 제자들을 싸잡아 수행이 부족한 "젊은 애숭이"라고 비난합니다. 이 비난에 대하여 아난존자는 "가섭존자여, 내 머리에 흰머리가 났습니다. 그런데 오늘 존자에게서 애숭이란 말을 듣습니다."라고 말합니다. 이때 비구니 툴라난다가 나서서 가섭존자에게 이렇게 불평을 합니다. "일찍이 이교도였던 가섭존자(가섭존자는 원래 바라문교도였습니다)가 베데하의 성자라고 알려진 아난존자를 꾸짖을 수 있습니까?"라고 항의합니다. 이에 대해 가섭존자는 자기는 부처님과 같은 수행의 경지에 있으며, 부처님께서 살아 계실 때, 부처님께서 입으시던 옷을 자기에게 주셨다고 말합니다. 즉 부처님의 옷을 받은 것이 곧 법의 상속자를 의미한다는 주장을 합니다. 그러나 이러한 가섭존자의 주장에도 불구하고, 비구니 툴라난다는 승단을 떠났다고 경은 전하고 있습니다.

그런데 "가사경"을 보면 그 상황이 이렇게 나와 있습니다.

어느 때 부처님께서 나무 아래에 가서 앉으실 때, 가섭존자가 자기의 하의를 벗어 깔아드립니다. 부처님은 헝겊 조각을 이어 만든 가섭의 하의가 매우 부드럽다고 칭찬하시니, 가섭존자는 부처님께서 그것을 받아주시기를 간청합니다. 부처님은 그 하의를 받으시고, 대신 당신의 분소의(사람들이 버린 옷으로 만든 가사)를 가섭존자에게 줍니다. 자기의 하의를 벗어 부처님께 방석으로 드리니, 부처님은 가섭의 열의와 신심을 칭찬하시고, 하의가 없는 가섭에게 부처님 자신의 옷을 내주신 것입니다.

일반적으로 이런 상황에서 두 가지를 추정할 수 있으니, 첫째는 스승에게 자기 옷을 방석으로 바치는 제자의 스승에 대한 존경심이요, 둘째는 그런 제자에게 자신의 옷을 내 주시는 부처님의 제자에 대한 사랑입니다. 그런데 가섭존자는 부처님이 자기에게 옷을 주셨다는 사실 자체를 강조하며, 이것이 곧 자신이 법의 상속자를 의미한다고 주장하고 있습니다.

『과거현재인과경』에 보면 가섭존자는 출가 전에 바라문교도였으며 4베다(바라문 교도의 기본경전)를 모두 외울 정도로 학식이 풍부하고 총명함을 지닌 분입니다. 고대 베다의 경전을 보면, 제사 위주의 예식이 많아 형식을 중시하며, 따라서 매우 권위적인 내용이 많은 것을 볼 수 있습니다. 이 글 첫머리에 나오는 대로 아난존자의 죄를 성토한 가섭존자의 말씀을 자세히 살펴보면 형식과 절차에 권위와 가치를 두는 가섭존자의 태도가 보입니다. 이러한 태도가 출가 전에 익힌 바라문의 학식과 어떤 연관이 있지 않나 추측하게 됩니다.

승단을 떠난 비구니 툴라난다가 가섭존자를 "일찍이 이교도였던 가섭존자"라고 말한 데도 이러한 이유가 있지 않을까요? 한편 가섭존자는 집이 부유하여 보시를 많이 하였다고 하니 요사이로 보면 가문과 학식과 부를 모두 갖춘 분입니다. 또 출가 전에 부인이 있었는데 미와 덕이 모두 뛰어나 나라에서 견줄 이가 없을 정도였다고 합니다. 가섭존자의 부모가 황금으로 미인을 빚어 신부감을 찾았다고 합니다. 이렇게 보면 가섭존자는 매우 부유한 바라문 집안에서 태어났으며, 결혼 후 늦은 나이에 출가하신 분으로 보입니다. 그러나 가섭존자는 출가 후, 스스로 험한 숲 속의 삶을 살면서 고행을 하신 분입니다. 부처님께서 가섭존자의 힘든 숲 속의 삶을 보시고 당신 가까이 살면서 노후를 편하게 지내라고 권유합니다. 그러나 가섭존자는 자신의 청정한 삶을 위해, 또 후세에 수행의 모범을 보이기 위해 숲 속의 삶을 계속하겠다고 말씀드립니다. 부처님은 이러한 가섭존자의 고행을 칭송하셨으니, 이러한 이유로 가섭존자는 두타(고행)제일이라고 불리고 있습니다.

이렇게 볼 때, 가섭존자는 주로 숲 속에서 고행의 삶을 이어가신 분임을 알 수 있으며, 이에 비해 아난존자는 부처님의 시자로서 부처님을 모시며, 주로 승원에서 오랫동안 지내신 분입니다. 부처님과 승단도 초기에는 숲에서 수행을 하며 끝없이 유행하는 힘든 삶을 지냈습니다. 후에 불교가 널리 알려지고, 코살라국 파세나디왕이나 마가다국 빔비사라왕을 위시한 많은 후원자가 승원과 정사를 지어 부처님께 보시한 이후에는, 주로 승원을 중심으로 지냈습니다.

부처님의 임종과 관련된 위의 여러 경을 읽고 생각해보면, 아무래도 가섭과 아난존자 두 분 사이의 갈등의 성격이 부처님 임종 후 승단의 주도권이나 법통을 이어받는 상수제자로서의 권위와 관련된 갈등이 아닌가 하는 생각을 떨치기 어렵습니다. 한편 부처님의 훌륭한 제자로는 사리불과 목건련이 있었는데 이 두 분은 불행하게도 부처님께서 임종하시기 전에 모두 세상을 떠납니다.

부처님께서 이 두 분의 죽음을 몹시 안타까워하신 대목이 경에 나옵니다. 47쌍윳따 "웃까젤라경"에 보면 부처님께서 "승원이 텅 비어 있는 것 같다."고 말씀하시는 대목이 나옵니다. 또 『숫타니파타』 제3 커다란 장 "세에라경"에는 바라문 세에라가 부처님의 상속자가 누구냐는 물음에 "내가 굴린 진리의 바퀴는 사리불이 굴리리라."라고 부처님께서 말씀하시는 것을 보게 됩니다. 사실 초기 경전 곳곳에 제자들이 부처님의 말씀을 이해하기 어려울 때, 사리불에게 찾아가서 묻는 것을 볼 수 있습니다. 그런데 사리불의 죽음에 대해 쓰여진(47쌍윳따 제13경) 경에는 사리불존자와 아난존자는 매우 가까운 사이임을 알려주고 있습니다. 사리불이 죽었을 때, 사리불의 시자가 맨 먼저 사리불의 죽음을 아난존자에게 알립니다. 아난존자는 "너무나 슬프고 앞이 캄캄하여 자신이 이때까지 배운 바가 아무 소용이 없을 정도"라고 세존께 그의 슬픔을 말씀드립니다. 이렇게 훌륭한 칭송을 받는 사리불과 아난존자는 그 이름 앞에 마하(마하는 "위대한"이라는 뜻입니다)라는 칭호가 없습니다. 여러 경을 읽어본 불자께서는 마하 가섭, 마하 목건련, 마하 가전연 등은 있지만 마하 사리불, 마하 아난이라는 칭호는 경에 없는 것을 발견할 것입니다. 가섭존자가 주도하여 모인 제1결집 때 당시 승단의 분위기가 반영된 것일까요? 아니면 이분들의 수행이 마하라는 칭호를 받을 자격이 없다고 승단이 판단하였기 때문일까요?

초기 경전인 『대반열반경』에 보면, 아난존자 앞에 붙은 칭호는 "젊은이 아난다"입니다. 부처님 임종 때의 아난존자는 위에서 말씀 드린 대로 최소한 50살이 넘은 분이며, 성자라고 칭송을 받던 분인데 어떻게 이 경에 "젊은이 아난다"라는 칭호가 붙게 되었을까요?

부처님의 후계자

초기 경전인 『대반열반경』이나 『4분율』에 보면 부처님의 시신을 화장하려고 했으나 불이 붙지를 않았고, 가섭존자가 와서 부처님의 시신을 친견하였을 때 비로소 불이 붙었다고 합니다. 이때 가섭존자를 따라온 비구는 모두 500명이라고 경전은 전합니다.

『과거현재인과경』이나 『금강경』에는 비구승을 1,250인이라고 표현하니, 가섭존자를 따라온 500명의 비구는 상당히 많은 숫자입니다. 부처님의 임종을 지켜본 아난존자가 부처님의 화장을 주도하였으리라고 추측할 수 있는데, 가섭존자가 올 때까지 불을 넣지 못하였다는 사실을 생각할 때, 가섭존자가 가지고 있는 승단 내의 영향력을 짐작할 수 있습니다. 결국 부처님 임종 후, 모든 부처님 말씀을 경으로 결집하는 것은 가섭존자가 주도하였습니다. 그러나 아난존자는 이러한 상황임에도 후에 결집에 참가하여 부처님의 말씀이 후세에 전해지도록 자신의 몫을 다합니다.

남전『대반열반경』이나『쌍윳따니까야』47쌍윳따 제9 "질병"경에 보면, 부처님의 임종에 즈음하여 아난존자가 부처님께 후계자에 관하여 묻는 대목이 나옵니다.

"그 후 세존께서 안거에 들었을 때에 심한 질병이 생겼다. 고통스러운 느낌 때문에 사경에 들 정도였다. 그러나 세존께서는 그곳에서 깊이 새기고 올바로 앎으로서 고난을 겪지 않고 참아내셨다. 그때에 세존께서는 이와 같이 '내가 만약 시자에게 알리지 않고, 수행승의 승단을 보살피지 않고 완전한 열반에 들면 옳지 않은 일이다. 지금 내가 이 질병을 정진력으로 이겨내어 목숨을 유지하는 것이 어떨까?'라고 생각하셨다. 그래서 세존께서는 정진력으로 질병을 이겨내고 목숨을 유지하셨다. 질병에서 일어나신 지 얼마 되지 않아 정사에서 나와 승원 뒤의 그늘에 마련된 자리에 앉으셨다. 그러자 존자 아난다는 세존께서 계신 곳을 찾았다. 한쪽으로 물러앉은 아난다는 세존께 이와 같이 말했다. "세존이시여, 참아내셨으니 더없이 기쁩니다. 세존이시여, 견뎌내셨으니 더없이 기쁩니다. 세존이시여, 세존께서 병이 드셨기 때문에 실로 저의 몸은 마비되고 제 앞은 캄캄하고 가르침도 제게 아무런 소용이 없었습니다. 그러나 세존이시여, 저는 '세존께서는 수행승들의 승단을 위해 무엇인가를 말씀하시기 전에는 완전한 열반에 들지 않을 것이다.'라고 생각하고 어느 정도 안심을 하였습니다."

"그런데 아난다여, 수행승의 승단이 나에게 기원하는 것은 무엇인가? 아난다여, 나는 안팎 없이 가르침을 다 설했다. 아난다여, 여래의 가르침에 감추어진 사권은 없다. 아난다여, '내가 수행승의 승단을 이끌어간다.'라든가 '수행승의 승단이 나에게 지시를 받는다.'라든가 하더라도 수행승의 승단에 관하여 더 이상 무엇을 언급할 것인가?

아난다여, 여래는 이와 같이 '내가 수행승의 승단을 이끌어간다.'라든가 '수행승의 승단이 나에게 지시를 받는다.'라고 생각하지 않는다. 내가 수행승의 승단에 관하여 더 이상 무엇을 언급할 것인가?"

사권師拳이란 우리말로 스승의 주먹을 의미합니다. 사권은 당시 인도의 관습에서 나온 말입니다. 그것은 스승이 임종할 때, 그 제자 중 그 단체를 이끌 상수上首제자에게 스승이 비밀리에 비결이나 최후의 진리나 표식 등을 보여주는데, 이때 그 주먹을 펴서 보여준다는 것을 의미합니다. 이 사권을 받았을 때, 그 상수제자는 돌아가신 스승의 뒤를 이어 그 단체를 이끌 수 있으니, 사권은 스승의 뒤를 이어 승단을 지휘할 수 있는 일종의 법통, 즉 정통성을 의미한다고 볼 수 있습니다. 즉 아난존자는 누가 앞으로 승단을 이끌어가야 하는지 부처님께 지시를 받고자 합니다.

아난존자는 왜 부처님께 사권을 물어보았을까요?

그러나 부처님은 사권을 묻는 아난존자에게 진리는 남김없이 모두 설해졌으니, 당신에게는 어떠한 사권도 없으며, 또한 승단에 어떠한 지시도 하지 않는다는 말씀을 분명히 하십니다. 부처님은 살아생전에 이미 승단의 분열을 꾀하던 데바닷다의 사건을 겪으셨으며, 그로 인해 몸의 상처를 입었다는 사실이 경전에 전해지고 있습니다. 또한 계율을 논한『마하박가(대품)』에 보면 계율에 대한 해석으로 비구들 사이에 폭행사건이 있었으니, 부처님은 승단의 분열이 가장 중죄에 해당된다고 비구들에게 강조하신 것을 볼 수 있습니다.

그러면 부처님께서 사권을 묻는 아난존자에게 남기신 말씀은 무엇일까요?

"아난다여, 그러나 나는 지금 늙고 노쇠하고 연로하고 만년에 이르렀으며 내 나이 80이 되었다. 아난다여, 예를 들어 낡은 수레가 가죽 끈에 의지하여 가듯이 아난다여, 여래의 몸도 가죽 끈에 의지하여 가는 것과 같다.
아난다여, 여래가 일체의 특징(유혹이나 욕망을 일으키는 대상)을 마음으로 짓지 않고 가지가지의 느낌을 소멸하고 특징을 뛰어넘는 마음의 삼매를 성취하면 아난다여, 그때에 여래의 몸은 지극히 안온하다.
그러므로 아난다여, 자신을 섬으로 하고 자신을 귀의처로 하지 남을 귀의처로 하지 말고, 법을 섬으로 하고 법을 귀의처로 하지 다른 것을 귀의처로 하지 말라.
아난다여, 어떻게 수행승이 자신을 섬으로 하고 자신을 귀의처로 하지 남을 귀의처로 하지 않고, 법을 섬으로 하고 법을 귀의처로 하지 다른 것을 귀의처로 하지 않는가?
아난다여, 이 세상에 수행승은, 몸에 대하여 몸을 관찰하여 열심히 노력하고 올바로 알고 깊이 새겨 세상의 탐욕과 근심을 제거하고, 감수(즐거운 느낌 · 괴로운 느낌 · 즐겁지도 괴롭지도 않는 느낌)에 대하여 감수를 관찰하여 열심히 노력하고 올바로 알고 깊이 새겨 세상의 탐욕과 근심을 제거하고, 마음(탐욕 · 성냄 · 어리석음)에 대하여 마음을 관찰하여 열심히 노력하고 올바로 알고 깊이 새겨 세상의 탐욕과 근심을 제거하고, 법(부처님의 가르침, 또는 괴로움을 일으키는 여러 가지 장애와 사건)에 대하여 법을 관찰하여 열심히 노력하고 올바로 알고 깊이 새겨 세상의 탐욕과 근심을 제거해야 한다.
아난다여, 이와 같이 수행승은 자신을 섬으로 하고 자신을 귀의처로 하지 남을 귀의처로 하지 말고, 법을 섬으로 하고 법을 귀의처로 하지 다른 것을 귀의처로 하지 않는다.

아난다여, 이제 내가 멸도한 뒤에 아난다여, 자신을 섬으로 하고 자신을 귀의처로 하지 남을 귀의처로 하지 않고, 법을 섬으로 하고 법을 귀의처로 하지 다른 것을 귀의처로 하지 않는다면 아난다여, 그들은 배우고자 열망하는 나의 수행승들, 최상자들이 될 것이다."

이 경이 그 유명한 자신과 법을 섬(등불로 번역되기도 합니다)으로 하고, 자신과 법을 귀의처로 하라는 부처님의 법문입니다. 사권을 묻는 아난존자의 물음에 답하신 부처님의 말씀은 매우 단호합니다. 승단이 그 누구에 의지한다는 것은 옳지 않으며, 오로지 진리에 의지하고 진리를 섬으로 하여 스스로 수행하여 세상의 탐욕과 근심을 제거할 것을 당부하고 계십니다. 승단이 개인에게 의지하고 유지될 때 거기에는 권위·명예·이익 등의 위험이 있기 때문일 것입니다. 우리는 어느 단체나 그 단체의 대를 잇는 과정에 보수적인 성향과 진보 혹은 자유로운 성향의 사람을 보게 됩니다. 그러나 부처님은 아난존자에게 이득과 환대와 명성의 위험을 보고 탐욕과 근심에서 벗어날 것을 말씀하시며, 또 올바로 대를 잇는 길은 곧 진정한 수행에서 나온다고 말씀하십니다.

"수행승경"(제17쌍윳따 제30경)에 부처님께서 아난존자에게 이르신 말씀이 있는데, 아난존자에게 이르신 부처님의 뜻이 매우 의미심장하게 느껴져 여기에 옮깁니다.

이와 같이 나는 들었다.

한때 세존께서 싸밧티의 제따바나에 있는 아나타삔디까 승원에 계셨다. 그때 세존께서 '수행승들이여'라고 수행승들을 부르셨다.

수행승들은 '세존이시여'라고 세존께 대답했다. 세존께서는 이와 같이 말씀하셨다.

"수행승들이여, 번뇌를 소멸한 거룩한 수행승에게도 이득과 환대와 명성은 장애라고 나는 말한다."

이와 같이 말씀하셨을 때 존자 아난다가 세존께 이와 같이 말했다.

"세존이시여, 번뇌를 소멸한 어떠한 수행승에게도 이득과 환대와 명성은 장애입니까?"

"아난다여, 흔들리지 않는 마음의 해탈을 성취한 자에게도 이득과 환대와 명성은 장애라고 나는 말한다. 아난다여, 또한 게으르지 않고 열심히 전념하여 현세에 즐거움을 누리는 선정을 성취한 자에게도 이득과 환대와 명성은 장애라고 나는 말한다. 아난다여, 이와 같이 이득과 환대와 명성은 두렵고 자극적이고 거친 것으로 위없는 평화를 얻는 데 장애가 된다. 아난다여, 그러므로 그대는 '나는 이미 생겨난 이득과 환대와 명성을 버릴 것이며, 아직 생겨나지 않은 이득과 환대와 명성에 집착하지 않고 지낼 것이다'라고 배워야 한다. 아난다여, 그대는 이와 같이 배워야 한다."

부처님께서 번뇌를 소멸한 거룩한 수행승에게도 이득과 환대와 명성은 장애라는 말씀을 하실 때, 아난존자는 "번뇌를 소멸한 어떠한 수행승에게도 이득과 환대와 명성이 장애입니까?"라고 다시 한 번 묻습니다. 아마 자신처럼 오랫동안 수행한 자에게도 장애가 되느냐는 물음이 아닐까요? 그러나 부처님은 흔들리지 않는 마음의 해탈을 성취한 어떤 수행승(아라한을 말합니다)이라도, 또 현세에 게으르지 않고 수행하여 선정을 성취한 어떤 수행승이라도, 모두 이득과 환대와 명성은 장애라고 잘라 말씀하십니다. 여기에는 최고의 수행경지인 아라한도 예외가 아니라는 말씀을 하십니다. 오랫동안 청정한 수행을 한 사람이 명예와 이익과 환대의 유혹에 넘어가 한 순간에 무너지는 경우를 볼 때, 부처님의 이러한 말씀은 베데하의 성자라고 칭송을 듣던 아난존자에게도 놀라운 경책이거니와, 오늘 우리의 현실에도 귀담아 들어야 할 말씀이라고 생각합니다.

아난존자의 결단

자신을 의지하고 진리에 의지하여 수행에 전념하라는 부처님의 당부와, 또 이익과 환대와 명성의 장애를 이겨내라는 부처님의 말씀을 들은 아난존자는 부처님 열반 후에 어떻게 행동했을까요?

앞에서 나오듯, 가섭존자가 죄를 물었을 때, 아난존자는 자신은 잘못이 없다고 생각했지만, 가섭존자를 믿고 참회하는 데 동의하였습니다. 또 처음에는 거절당했지만, 결국 가섭존자가 주도하는 제일차 결집에 참여하여 경전을 송출합니다. 이로써 아난존자는 부처님께서 보여주신 진리의 빛을 모든 후대의 인류에게 전해주는 역할을 합니다. 부처님과 같은 석가족이자 부처님의 사촌동생이며, 부처님의 시자로서 25년간을 부처님과 함께 지냈으며, 또 베데하의 성자라고 불리던 아난존자가 이러한 결단을 내릴 때까지 그 과정이 그리 쉬웠을까요?

오늘 우리의 현실에서 종교나 일반 단체들이 대를 이어가는 과정을 보면 또 어떻습니까?

부처님 열반 후 자칫 분열될 위기에 처해 있는 승단을 화합시키고 경전결집을 가능하게 만든 분은 분명 가섭존자입니다만, 아난존자의 이러한 결단이 없었다면 과연 가능했겠는지 묻게 됩니다. 역사기록에 의하면, 부처님께서 열반하신 후 100여 년이 지났을 때 승단에는 계율문제로 상좌부와 대중부의 분열이 있었으며, 다시 100여 년이 지난 후 승단은 18(혹은 20여 개)파로 나뉘어지며 부파불교의 시대로 접어듭니다. 부처님 열반 뒤 거의 1,000여 년이 지난 후, 당나라 현장법사가 인도에 왔을 때, 현장은 승단이 18개 종파로 나뉘어져 서로 창끝을 돌려대고 있는 것을 목격합니다. 만약 아난존자가 살아서 이러한 역사를 보았다면 그 심정이 어떠했을까요?

  이득과 환대와 명성은 흔들리지 않는 마음의 해탈을 성취한 자에게도 장애가 된다고 이르신 부처님의 간곡한 당부는, 그 말씀을 듣는 오늘 우리 자신이 보수와 진보 등 어느 쪽에 서 있더라도 깊이 새겨야 할 말씀이 아닌가 생각합니다.

금강경이 전하는 수행과 깨달음

H형께

 젊었을 때부터 꾸준히 불도佛道에 정진하는 형을 볼 때마다 스스로 저 자신을 채찍질을 하게 됩니다. 형과 함께 지금은 돌아가신 백봉 김기추 선생님 문하에서 가슴을 두근거리며 『염송拈頌』과 『금강경』을 함께 배우던 때가 엊그제 같은데, 어느새 세월이 흘러 흰 머리카락을 보게 되는군요.
 형도 잘 아시다시피, 『금강경』은 대승불교의 경전으로 잘 알려져 있습니다. 이 경에 대한 해석 또한 인도나 중국, 우리나라에서 다양하게 볼 수 있습니다. 그러나 그러한 주석에 대한 선입관을 모두 버리고 담담하게 『금강경』을 읽어볼 필요가 있다고 생각합니다. 저 개인적으로는 『금강경』이야말로 부처님의 가르침을 가장 진솔하게 전하는 경이라고 생각합니다.

『금강경』을 읽으며

제가『금강경』에 새롭게 주의를 돌리게 된 것은, 이 경이 부처님께서 열반하신 지 500여 년 뒤에 나왔다는 역사적 사실을 받아들이게 되면서부터입니다. 자기가 몸담고 있는 현실은 모든 경험과 인식의 기반입니다. 기존 불교의 승단이 권위주의적 수행의식에 물들어 있고, 또 한편으로 재가 신도들이 공덕을 실천하며 미래의 안락을 구하는 것을 복 짓기[修福]로 알고 있을 때, 올바른 불제자의 삶이 무엇인가에 대한 성찰로써『금강경』을 보게 된 것입니다.『금강경』속에는 이러한 입장을 내세운 초기 대승불교의 이념이 절실하게 드러나 있습니다.

『금강경』을 부처님의 올바른 가르침으로 내세운 분들은 당대 기존 승단의 수행이나 유력한 신도들이 가지고 있던 불교적 실천의식에 비판적이었습니다. 제가 형께 드리고 싶은 말씀은 아쇼카왕이 불교를 지원한 이후 불교의 황금기라고 할 수 있고 이미 경·율·론 등 삼장이 발달되었던 당시(B.C. 1~A.D. 1세기),『금강경』이 부처님의 가르침이라고 전하는 불제자들의 문제의식을 가지고『금강경』을 바라볼 필요가 있다는 것입니다.『금강경』을 읽다 보면, 당대 불자들의 삶과 사회에 대한 그분들의 진솔한 문제의식을 볼 수 있습니다. 그 문제의식을 깊이 새겨 볼 때, 현실을 바라보는 그분들의 불교적 통찰을 배울 수 있다고 생각합니다.

오늘에 와서 여러 학파의 이론들이 복잡하게 얽혀 있는 후대 대승경전을 공부하게 되면, 누구나 여러 경전들에 대한 통일적 인식을 추구하게 됩니다. 그러나 저는 그러한 통일적 인식을 구하는 태도가 과연 경전을 올바로 이해하는 길인지 방법론적 성찰이 먼저 있어야 하지 않을까 생각합니다. 이러한 반성이 전제되지 않는 한, 일관되게 경전을 이해하려는 공부태도는 주관적 경전해석으로 치우칠 수 있습니다. 자칫 인도의 역사발전 과정에서 다양하게 전개된 대승불교의 고유한 특징과 그에 따른 새로운 불교운동의 의미를 간과하게 될 위험이 있다고 생각합니다.

형도 아시다시피, 우리 주변에는 여러 경전에 대해 통일적으로 인식할 수 있는 것을 수행으로 여기는 현실이 존재하고 있습니다. 그러나 이렇게 공부하면 비록 박학하거나 경전에 대해 일관된 해석을 할 수 있으되, 우리의 삶에 실제적으로 다가가는 데는 어려움이 있지 않나 생각합니다. 경전이 서 있는 구체적인 역사현실이나 중생의 고통에 대한 문제의식이 사라져 버렸기 때문입니다.

도식적 지식은 이론적으로는 완벽해 보이지만 변화하는 현실에 대해서는 무력합니다. 현실의 고통에 대해 우리의 인식이 원론적

동어반복에 머물게 된다면, 구체적 현실을 외면할 위험이 있지 않을까요? 이런 관점에서 오늘 불교를 공부하는 현실을 반성해 볼 필요가 있다고 생각합니다. 물론 중국이나 한국에서 전통적으로 내려오는 심성心性에 대한 심오한 이해는 귀중한 수행경험입니다. 또 이런 깨달음에 이르는 수행방법을 새롭게 확립한 여러 선지식들의 노력은 그러한 수행방법이 일어난 당대의 불교 현실 속에서 일정한 평가를 받아야 한다고 생각합니다.

『8천송반야경』과 『금강경』의 문제의식

『금강경』을 역사 속에서 보아야 하는 것은 『금강경』 속에는 물질적 장엄과 이기적 복 짓기, 수행에 대한 오만으로 생명에 대한 사랑이 사라진 당대 불교현실의 문제가 제기되어 있기 때문입니다. 『금강경』은 수행 4과, 즉 수다원·사다함·아나함·아라한 등을 성취하는 것을 목표로 삼는 당대 승단의 수행의식을 문제 삼고 있습니다. 탐욕과 성냄이 사라지고 자비와 행복을 가져와야 할 수행이 오히려 논쟁과 분란을 가져오고 있기 때문입니다. 당대 불자들이 가지고 있는 불법에 대한 인식이 왜 이런 실천적 모순을 가져오는지, 그 모순에 대한 성찰이 『금강경』의 주제입니다. 이것이 『금강경』에 법法과 법상法相에 대한 논의가 많은 까닭입니다.

한편, A.D. 179년에 지루가참에 의해 번역이 되었던 『8천송반야경』은 모든 반야부 중에서 가장 먼저 성립된 경전으로 인정되고 있습니다. 이 경전을 보면 역시 저간의 현실을 짐작할 수 있습니다. 구마라집 법사가 한역한 『소품반야경』 제2 석제환인釋帝桓因품에 보면, 수다원과·사다함과·아나함과·아라한과와 나아가 벽지불도 모두 허깨비와 같고 꿈과 같다고 합니다.(須多洹果亦如幻如夢 斯陀含果阿那含果阿羅漢果僻支佛亦如幻如夢) 그래서 무생無生의 도리를 배우는 보살은 이런 수행지위가 모두 헛된 이름〔假名〕임을 알고, 수다원과 사다함과 아나함과 아라한과 등을 배우지 말아야 한다고 강조합니다. 이렇게 네 단계의 수행지위를 배우지 않아야, 부처님의 법을 배우고 일체지를 배운다고 말씀합니다.(菩薩如是學者 不學須多洹果斯陀含果阿那含果阿羅漢果僻支佛 若不學是地 是名學佛法學薩婆若)

또 제11 마사魔事품에 보면, 보살이 반야바라밀다를 버리고 성문과 벽지불의 경전에서 일체지一切智를 구하면, 이는 마구니의 짓임을 알아야 한다고 말씀합니다.(須菩提 菩薩亦如是 得深般若波羅密而棄捨之 反於聲聞僻支佛經求薩波若 於意云何 其人爲智不 不也世尊 菩薩當知是爲魔事)

이처럼 수다원과나 사다함과 등의 성과聖果를 얻어 가는 수행을 신랄하게 비판하는 까닭은 과연 무엇일까요? 또 『소품반야경』에서 말하고 있는 성문과 벽지불의 경은 구체적으로 어떤 경전일까요? 아함부라고 해서 모두 부처님의 친설親說일까요? 경전이 전승하는 과정에서 자의적 편집이나 증광增廣은 없었을까요? 이러한 과정에서 승단의 현실이 임의로 반영되어, 실천적 의미가 담긴 부처님의 말씀이 이론적이거나 수행 위주의 개념으로 변질된 것은 없었을까요?

후기 아비달마서를 보면 수다원과 하나를 증득하는 데도 몇 겁의 세월이 필요하다고 합니다. 이런 교리의식 속에서 과연 수행자가 현실 중생의 고통과 생명에 대한 사랑을 가질 수 있을까요? 재가불자가 수다원과 하나만 얻기에도 몇 겁이 걸린다면, 과연 이러한 지난한 수행이 원래 석가모니부처님이 전하신 수행이었을까요?

초기 경전을 보면 부처님의 깨달음은 누구나 와서 보라고 할 수 있으며, 현세에서 스스로 알고 성취할 수 있는 것이라고 전하고 있습니다. 실제 초기 경전에는 출가자나 재가신도를 막론하고 부처님의 말씀을 듣고 눈이 맑아진 여러 실례를 감동적으로 전하고 있습니다. 이렇게 반야부 경전을 역사 속에서 읽을 때, 경전 곳곳에서 대승불교가 나타나게 된 역사적 당위를 발견할 수 있습니다. 즉 당대 승단이 배타적으로 추구하는 수행제일주의를 극복하고, 깨달음과 자비가 하나인 교조 석가모니부처님의 깨달음을 회복하려고 하는 불교운동을 만날 수 있습니다. 그러나 당대 승단이 따르고 수행하고 있는 법法도 역시 부처님의 법인 만큼, 부처님의 법을 어떻게 보고 어떻게 실천할 것인가에 대한 성찰이『금강경』의 주제입니다. 동시에 이 주제는 대승을 주창한 불제자들의 역사적 문제의식입니다.

『아미타경』과 염불수행의 역사적 의미

반야부와 비슷한 대승불교 성립 초기에 출현한『아미타경』은 모든 중생이 그리는 행복한 곳을 극락으로 상세히 묘사하고 있습니다. 이『아미타경』에는 극락의 새가 오근(믿음·정진·새김·집중·지혜), 오력(믿음의 힘·정진의 힘·새김의 힘·집중의 힘·지혜의 힘), 칠각지(새김·탐구·정진·희열·안온·집중·평정), 팔정도(바른 견해·바른 생각·바른 말·바른 행위·바른 생활·바른 노력·바른 새김·바른 집중) 등을 노래하고 있습니다. 그런데 이 오근, 오력, 칠각지, 팔정도는 석가모니부처님이 원래 남기신 가장 소박하면서도 핵심적인 가르침입니다. 새소리를 들을 때마다 극락에 사는 사람들은 모두 불·법·승을 생각하게 됩니다.

　극락의 새가 이런 법문을 노래하고 있다는 사실과 경 말미에 부처님의 깨달음인 아뇩다라삼먁삼보리를 강조하고 있는 이유를 진지하게 생각해 보아야 하지 않을까요?

　『아미타경』은 3보에 귀의하며 누구나 쉽게 부처님의 법을 받아들이고 살아가는 중생들의 행복한 삶을 보여주고 있습니다.『아미타경』에서 전하는 염불수행이 고답적인 이론에 치우친 당대 승단의 수행과 어떻게 다른지에 대해서도 역사적 규명이 있어야 할 것입니다. 『아미타경』이 전하는 염불수행이 대중에게 쉽고 친근하게 다가오는 이유 또한 당대 승단의 수행형태와 비교하여 밝혀져야 할 것입니다.

『무량수경』을 보면 법장비구의 48서원을 볼 수 있습니다. 이 서원을 보면, 모두 이 세상의 중생을 위하는 길이 곧 일체 부처님께서 닦으시던 수행임을 말하고 있습니다. 또 극락은 하늘세계처럼 본래 있던 것이 아니라 바로 출가 수행자인 법장비구가 원력을 세워 만든 곳입니다. 『무량수경』은 법장비구를 내세워, 출가 수행자가 어떤 수행을 해야 하고 나아가 무엇을 위해 살아야 하는지를 극명하게 밝히고 있습니다. 이 경전을 내세우는 불제자들은 누구에게 이 말을 하고 있을까요? 그 시대의 기존 불교 승단이 어떤 수행과 삶을 살았는지 묻지 않을 수 없습니다. 이렇게 수행을 구체적으로 당대 역사 속에서 바라볼 때, 염불수행을 전하는 『아미타경』의 진정한 의미와 그 수행의 현실적 당위성을 이해할 수 있을 것입니다.

『금강경』이 전하는 수행과 깨달음

부처님께서 열반하신 뒤 500여 년 후에 일어난 대승불교운동이야

이미 지나간 역사입니다. 그러나 당대 불자들의 삶을 부처님의 가르침 속에서 성찰한 대승불교는 역사의 한계를 넘어 지금도 우리에게 유효한 화두를 던지고 있습니다. 저는 『금강경』의 가르침이 오늘 우리 불자 자신뿐만 아니라 다른 종교에 대해서도 여전히 심오한 의미가 있다고 생각합니다.

『금강경』 제23 정심행선분淨心行善分에 보면, 부처님께서 이르시기를 일체 선한 법을 닦되 나라는 생각, 사람이라는 생각, 중생이라는 생각, 목숨이라는 생각이 없이 닦아야 위없는 부처님의 깨달음을 얻을 수 있다고 말씀합니다.(以無我無人無衆生無壽者 修一切善法 卽得阿 多羅三 三菩提) 여기서 말하는 일체 선한 법은 보시, 지계, 인욕, 정진 등 중생을 위해 고통을 짊어지는 보살행입니다. 부처님께서 얻으신 깨달음을 얻기 위해서는 바로 이런 보살행을 실천해야 한다는 말씀입니다.

일반적인 이타행利他行과 깨달음에 이르는 보살행은 어떤 차이가 있을까요?

『금강경』은 보살행을 닦을 때, 아상·인상·중생상·수자상이 있으면 깨달음을 얻을 수 없다고 말합니다. 내가 중생을 제도하면 나에게 복이 온다는 생각이 나라는 생각〔我相〕과 중생이라는 생각〔衆生相〕입니다.

남에게 베풀거나 장엄을 하면, 미래에 좋은 집안에 태어나 부처님이나 전륜성왕과 같은 성인이 된다는 생각이 사람이라는 생각〔人相〕이며, 그래서 미래의 나에게 복이 온다는 생각이 곧 목숨이라는 생각〔壽者相〕입니다. 이 모든 생각들은 『금강경』이 출현하였던 당대 승단이나 불자들이 가졌던 생각이었습니다.

『금강경』은 보살행을 하면서 이런 보상을 바라는 생각이 있으면 올바른 깨달음에 이를 수 없다고 말씀하십니다. 선정이나 보시 등 불법을 실천하면 자신에게 복이 온다는 생각이 곧 법상法相입니다. 『금강경』은 이 법상 또한 집착과 탐욕이라고 말씀합니다. 『금강경』에 법法과 비법非法에 대한 말씀이 많이 나오는 까닭이 여기에 있다고 하겠습니다.

보시와 자선을 행하며 자신의 미래를 구하는 의식 속에는 나에 대한 집착과 미래에도 내가 계속된다는 집착이 있습니다. 수행을 하면서 자신의 권위를 구하거나 미래의 선과善果를 구하면 이 역시 나에 대한 집착이며, 그 본질은 탐욕과 오만입니다. 이런 생각이 숨어 있는 수행과 보시에는 이미 중생에 대한 진정한 사랑과 자비는 일어날 수 없습니다.

무아법無我法은 자비행 속에서 완성된다고 부처님은 말씀하십니다. 이러한 깨달음이야말로 진정한 부처님의 깨달음이라고 『금강경』은 전하고 있습니다. 이렇게 볼 때, 『금강경』은 자비의 진정한 의미를 알려주는 사랑의 경전입니다. 『금강경』은 올바른 깨달음과 진정한 사랑의 실천이 둘이 아님을 깨우치고 있습니다.

살아 있는 대승불교의 가르침

지금 우리는 남에 대한 무관심과 인색함에 묶여 생명의 고통을 외면하는 현실 속에 살고 있습니다. 우리시대를 규정하고 있는 경쟁과 소비지향의 삶이 과연 우리 자신의 본질인지 부처님의 진리 속에서 묻고 성찰해야 할 때입니다.

역사는 우리의 거울입니다. 불법이 개인적 구원과 미래의 안전을 구하는 수단으로 전락한 당대 현실에서 진정한 깨달음과 보살행을 추구했던 운동이 대승불교입니다. 지금은 다시 대승불교운동의 의미를 새겨야 할 때가 아닌가 생각합니다. 더구나 대승불교는 단순한 종교개혁을 넘어서 수행과 깨달음과 자비에 대한 성찰을 우리에게 보여 줍니다.

욕망과 고통은 의미규정의 문제가 아니라, 끊임없이 현실과 사건 속에서 새롭게 경험되고 성찰되어야 할 화두입니다. 수행을 하되 수행의 의미와 근거를 현실에서 물어야 할 것입니다. 수행은 선택되어지는 것이 아니라 선택하는 것이며, 바로 우리가 사는 현실에서 자비와 깨달음을 가져와야 하기 때문입니다. 과거·현재·미래가 분별임을 깨닫고 버리지만, 현실에서 생명이 당하는 고통을 볼 때, 스스로 시간을 선택하는 것이 대승이 전하는 부처님의 가르침입니다.

"모든 부처님께서 대비심으로 몸을 삼으신 고로, 중생으로 인하여 대비를 일으키시며, 대비로 인하여 보리심을 내시며, 보리심으로 인하여 위없는 바른 깨달음을 얻으시나니…"
"보리가 중생에 속하는 것이니, 만약 중생이 없으면 일체보살이 마침내 위없는 바른 깨달음을 이룰 수 없느니라."

형도 아시다시피, 이 말씀은 『화엄경』 보현보살행원품에 나오는 말씀입니다. 대비심은 살아 있는 모든 뭇 생명의 고통에 대한 깊은 연민입니다. 올바른 깨달음은 깊은 연민에서 나온다는 『화엄경』의 말씀은, 무심해야 깨달음을 얻는다는 말과 어떻게 다를까요? 모든 뭇 생명에 대한 사랑이 없으면 올바른 깨달음을 얻을 수 없으며, 또 그 사랑이 인내와 헌신으로 나타난다는 『화엄경』의 말씀은 놀랍기만 합니다. 우리는 흔히 특정한 수행을 따로 닦아야 깨달음을 얻는다고 생각하기 때문입니다.
또 『유마경』 불도품佛道品에 이런 말씀이 있는 것을 형도 기억할 것입니다.

"마땅히 알라. 일체의 번뇌가 여래의 종자가 된다. 마치 바다 밑까지 들어가지 않으면 귀한 진주를 얻지 못하듯이, 번뇌의 큰 바다에 들어가지 못하면 일체지의 보배를 얻을 수 없느니라."

번뇌의 큰 바다는 우리 생명들이 살고 있는 삶의 현장입니다. 일체의 깨달음을 얻기 위해서는 번뇌의 큰 바다에 들어가야 한다는 유마거사의 말씀은, 역사와 현실에 깊이 개입할 때 부처님의 깨달음을 얻는다는 말씀일 것입니다. 현실에 서 있지 않고 어찌 번뇌의 큰 바다에 들어갈 수 있으며, 사건 속에 들어가 있지 않고 어찌 인간의 삶을 고통으로 몰아가는 욕망을 깊이 이해할 수 있겠습니까? 오늘날 이 땅에 널리 알려져 있는 수행이 과연 유마거사가 말씀하는 "번뇌의 바다에 들어가는 수행"과 같은 것일까요?

저 역시 부처님의 가르침을 따르는 사람으로서 허물이 적지 않은 사람입니다. 아직 눈에 비늘이 떨어지지 못하여 형의 수행에 도움이 될 만한 말씀을 드리지 못하여 송구할 뿐입니다. 다만, 제 주위에서 보살의 길을 따르려고 노력하는 도반들을 보고, 느낀 바가 없지 않아 이렇게 몇 글자를 올립니다.

형의 넓은 아량을 바랄 뿐입니다.

끝으로 제가 즐겨 외우는 『소품반야경』의 구절을 옮겨봅니다.

"세존이시여, 반야바라밀은 곧 일체지一切智입니다. … 반야바라밀은 외롭고 가난한 이들을 위해 구호자가 될 것입니다."
_제8 니려泥犁품

"온갖 법은 약이며 그 가운데 사랑하는 마음이 으뜸이니, 마땅히 알라 반야바라밀이 이것이니라."

_제26 수지隨知품

날로 더워지는 날씨에 건강하시기를 빕니다.

둘째 마당

불교 에세이

부처님께 귀의한다는 것

예로부터 불교에 귀의할 때는 먼저 삼귀의를 합니다. 부처님[佛]과 부처님의 가르침[法]과 가르침을 따르는 대중[僧] 등 삼보三寶에 대한 귀의입니다. 삼귀의를 한다는 것은 부처님의 제자가 되기를 결단하는 일이니, 스스로 부처님의 가르침에 따라 삶을 살겠다는 뜻을 맹세하는 것입니다.

현실의 삶에 있어서 부처님께 귀의한다는 것은 무엇을 의미할까요? 불교에 귀의한다는 것은 자신의 삶을 어떻게 바꾸는 것일까요?

부처님이 세상에 계셨을 때, 당시 부처님의 가르침을 받은 사람들은 스스로 어떻게 자신의 삶을 변화시켰을까? 또 남과 어떻게 지냈을까? 이런 물음을 들고 부처님께서 살던 당대의 몇 가지 현실 사건에 대해 생각해 봅니다.

우선 꼬삼비 지방에 거주하던 비구들 사이에 일어난 큰 싸움입니다. 꼬쌈비 지방에서 일어난 이 사건은 꽤 심각한 일이었음이 분명합니다. 『마하박가(대품)』나 남전 『중아함경』(48 꼬쌈비 설법의 경)에 이 일에 대한 이야기가 나오기 때문입니다. 기억나는 대로 『마하박가』에 나오는 내용을 추려봅니다.

꼬쌈비 지방에 거주하던 비구들 사이에 아주 심한 논쟁이 있었습니다. 어느 비구가 처음에는 자신이 계를 범했다고 생각했는데, 주위에서 그 비구에게 계를 범한 것이 아니라고 말했습니다. 그래서 그 비구는 자신이 참회할 일이 없다고 생각했습니다. 그런데 다른 비구들은 생각이 달라, 그 비구가 계를 범했으니 참회를 해야 한다고 주장했습니다. 이래서 비구들끼리 "그 비구가 참회해야 한다."는 주장을 펴는 비구들과 "아니다, 할 필요가 없다."는 두 편으로 나뉘어 싸우는 일이 벌어졌습니다. 경전의 표현을 빌면 "입 속에 있는 칼"을 가지고 싸웠다고 하니, 서로 심한 욕설을 한 것입니다.

싸움이 커져 이 일이 부처님께도 알려지게 됩니다. 급기야 부처님께서 몸소 찾아가셔서 말리게 됩니다. 말리셨지만, 그들의 대답은 놀랍게도, "부처님께서는 선정의 기쁨에 머무십시오. 이것은 어디까지나 저희들 문제입니다."라고 말하며 부처님의 말씀을 듣기를 거부합니다. 자기들 문제니까 부처님은 상관하지 말라는 뜻이지요.

부처님께서 여러 가지로 설득하셨지만 막무가내였던 모양입니다. 결국 부처님은 "이 비구들은 몽매하여 깨우치기가 쉽지 않다."라고 말씀하시며, 숲 속으로 돌아가십니다.

시간이 흘러 이 비구들이 드디어 부처님께 잘못을 뉘우치러 갑니다. 그 원인이 무엇일까요? 다름이 아니라 재가 신도들이 나서서 이 비구들에게 존경과 (더욱 중요한 것은) 공양, 즉 밥을 주지 않기로 결의를 하였던 것입니다. 그때는 출가승들이 모두 탁발, 즉 밥을 빌어먹었던 때입니다. 이렇게 재가신도들에게 외면을 당하고 현실적으로는 굶주림에 지쳐, 결국 마지못해 부처님을 찾게 된 것입니다. 이 경전은 비구라고 하여 모두 청정한 삶을 산 것은 아니었던 부처님 당대 현실을 극적으로 보여주고 있습니다. 부처님의 가르침이 성냄과 폭력을 거두고 뭇 생명에게 사랑과 자비를 베푸는 것임을 생각할 때, 이들 비구들의 행실은 부처님뿐만 아니라 재가신도들에게도 큰 충격이었습니다. 부처님의 가르침을 듣기를 거부하고 여전히 싸움에 몰두하는 꼬쌈비 비구들을 등 뒤로 하고, 묵묵히 숲으로 돌아가시는 부처님의 뒷모습을 상상해 봅니다. 한편, 이 일을 보면, 부처님의 가르침마저 거부한 비구들에게 재가신도들이 공양과 공경을 거부한 역사가 부처님 때부터 있었던 것을 알 수 있습니다.

또 다른 예는 코살라국의 왕과 마가다국의 왕에 관한 것입니다. 불자들에게 코살라국 파세나디왕과 마가다국 빔비사라왕은 둘 다 부처님께 귀의한 왕으로 잘 알려져 있습니다. 초기 경전에 기록되어 있는 이 두 왕들은 모두 부처님과 승단을 외호하였다고 전해지고 있습니다. 그래서 여러 큰 정사가 부처님께 기증되었던 것이지요. 그런데 역사를 보면, 당대 여러 나라들 중에서도 이 두 나라 왕이 가장 일찍 영토 확장에 나섰다고 기록되어 있습니다. 말하자면 전쟁을 통해 살생과 폭력, 강탈을 가장 많이 저지른 왕들인 것입니다.

부처님이 태어나신 석가국도 코살라국에 의해 멸망당했고, 이때 지배종족인 석가족도 몰살을 당하였다고 전해지고 있습니다. 전쟁이 침략, 살육, 약탈을 의미하는 것을 있는 그대로 보여줍니다.

빔비사라왕과 그 아들 아지타삿투 부자가 이끈 마가다국이 그 짧은 기간에 얻은 전쟁의 승리와 영토 확장은 역사에 유래가 없는 일이라고 합니다. 그래서 역사가들도 그 원인을 규명하기가 힘들 정도라고 합니다. 일설에는 빔비사라왕이 개발한 돌 대포가 막강한 전력의 원인이었다고 합니다. 큰 돌을 대포로 쏠 때 결국 맞는 대상은 사람이요 짐승들이니, 그 파괴력은 결국 생명과 재산에 대한 엄청난 파괴와 살상입니다.

부처님의 입장에서 보면 세도가 큰 이 두 왕들이 당신에게 귀의한 이래, 불교교단의 위상과 대중의 존경이 커진 것은 사실입니다. 그러나 실상 이 왕들은 살생과 폭력, 약탈, 거짓, 음란 등 부처님의 오계(생명을 죽이지 말 것, 주지 않는 것을 빼앗지 말 것, 남녀관계에 폭력을 행사하지 말 것, 거짓말이나 욕을 하지 말 것, 곡주나 과일주 등을 취하게 마시지 말 것) 등을 가장 많이 어긴 자들인 것입니다. 앞에서는 당신의 법문을 듣고 부처님께 귀의한다고 해 놓고는, 뒤 돌아서서는 다른 나라를 침략하고 죽이고 빼앗는 짓을 한 것입니다.

타인의 마음을 꿰뚫는 신통력이 없더라도 일반적인 지성을 갖춘 사람이라면, 누구라도 그들의 위선을 판단할 수 있을 것입니다. 물론 사정이 이러함에도 대국의 왕들이 부처님께 귀의하겠다고 하면, 현실적으로 누구라도 그들의 귀의를 물리치기는 쉽지 않을 것입니다. 또 지금의 기준으로 그때의 현실이나 삶을 쉽게 가치판단 할 수도 없습니다. 그럼에도 경전은 이런 왕들에게 생명에 대한 사랑과 자비를 말씀하시고, 아무리 강한 군대나 권력, 추종자로도 죽음을 이길 수는 없다는 가르침을 전하시는 부처님의 모습을 보여주고 있습니다.

죽을 위험을 무릅쓰며 전쟁을 일으킨 왕들이 자신의 소유와 지위를 버릴 수 있을까요?

지난 세월 독재정치로 온갖 어려움을 겪으면서도 민주화를 위해 애써 온 정치인이나 사회지도자들이 자신의 기득권을 쉽게 버리지 못하는 것을 우리는 자주 보았습니다. 거기에는 어떤 가치관이 있었기 때문일까요? 만약 불교에 귀의한 사람이 그럴듯한 명분을 밖으로 내세우면서 폭력과 거짓을 저지른다면, 불자인 우리는 어떤 태도를 취해야 할까요? 이럴 때 어떻게 대응하는 것이 불자다운 태도일까요?

데바닷타가 부처님을 해치려고 큰 바위를 굴렸을 때, 부처님은 몸에 상처를 입었습니다. 그러나 부처님은 고통을 참고 마음을 잘 새기며, 황소처럼 태연하게 자신을 지키시며 원한을 일으키지 않았다고 경전은 전합니다. 또 어느 때, 부처님께서 설법하시려고 할 때 계율을 어긴 어느 비구가 참회하지 않고 모른 척 모임 속에 앉아 있었다고 합니다. 이때 부처님은 설법하지 않고 침묵을 지키셨습니다. 이윽고 부처님께서 침묵하시는 이유를 안 목갈라나(목련) 존자가 그 비구를 모임에서 강제로 추방하자, 부처님은 비로소 설법을 시작하셨다고 합니다.

경전에 나타나는 부처님의 언행을 볼수록 당신의 삶을 따르는 길이 결코 쉬운 길이 아니라는 것을 절감하게 됩니다. 명예와 환대, 쾌락과 소유에 대한 집착을 버리라고 한 부처님의 가르침을 생각할 때, 원칙없이 살아가는 우리 자신의 삶이 더욱 크게 보여 부끄러움을 느낍니다.

여러 경전에서, 부처님은 탐욕과 분노와 폭력에서 벗어나는 길을 찾기 위해 출가하였다고 당신의 출가 동기를 밝히고 있습니다. 이러한 부처님의 출가 동기는 삼보에 귀의하고 불자가 되기를 서원하는 사람이라면 누구라도 스스로 가져야 할 화두가 아닌가 생각합니다. 부처님이 세상에 대해 가졌던 고통에 대한 문제의식을 자신의 문제로 받아들이는 것입니다. 탐욕과 분노, 폭력은 지금도 우리 시대의 문제이고, 돌이켜 보면 우리 자신의 뿌리이기 때문입니다.

이라크 전쟁과 걷기 명상

이라크전쟁은 6·25전쟁의 고통을 직접 겪은 우리 민족으로서는 참으로 받아들이기 어려운 비극입니다. 지금도 이산의 고통을 간직하고 있는 우리 민족이 재난의 산 증인으로서 전쟁이 가져오는 참극을 세계에 알려야 할 것입니다. 그러나 우리의 현실을 보면 좀 복잡하게 전개되는 것을 볼 수 있습니다. 교역과 안보 등 미국에 대한 의존도를 볼 때, 우리 민족의 현실적 생존을 위해 파병을 감행했던 것이 사실입니다. 그 속에는 IMF 외환위기를 겪은 우리의 쓰라린 경험이 한편에 서서 우리를 노려보고 있습니다. 또 한편으로는 반전평화를 위한 모임 속에서 한 외국스님의 주도로 걷기 명상도 이루어지고 있습니다. 이 모두가 그대로 우리 현실입니다.

우리가 현실을 얼마나 깊이 이해했느냐에 따라 현실을 바꾸기 위한 수행이 달리 나타납니다. 우리라는 말은 특히 부처님의 가르침을 따르는 불자로서 우리입니다. 우리가 진실로 부처님의 깨달음을 통하여 삶의 질곡에서 벗어날 수 있다고 믿는다면 부처님의 가르침 속에서 이 현실을 새겨볼 필요가 있습니다. 이런 과정이 곧 현실에 대한 불교적 성찰일 터이지요. 그러나 이 문제에 앞서 먼저 진지하게 생각해 보아야 할 것은 전통적으로 내려오는 수행형태나 방법을 다시 되풀이하는 행위나 사고방식에 관한 것입니다.

과거의 수행을 되풀이하는 것은 과거에 유효했던 수행방법의 가치를 지금에도 여전히 가치가 있다고 보기 때문입니다. 수행방법이 왜 귀중할까요? 예로부터 내려오는 수행방법이 지금의 문제를 해결하고 있을까요? 부처님 당대에서도 다양한 수행법들이 존재했고, 또 그 이후 불교의 오랜 역사 속에서도 다양한 수행법들이 나왔다는 것은 무엇을 의미할까요? 현실 속에서 내가 선택하는 수행의 근거와 의미를 물어야 합니다.

수행은 평화를 가져오는가?

걷기 명상이 좋다고 걷기를 합니다. 물론 호흡을 고르며 평화를 생각하고 걸으면 그 순간이 행복이요, 그 장소가 정토입니다. 그러나 과연 걷기가 우리 삶의 문제에 가까이 가는 수행방법일까요?

아니면 일시적으로 우리 마음을 위로해주는 방법일까요? 밥을 먹을 때 그 순간에 집중하라는 말이 과연 부처님의 말씀일까요? 호흡을 지켜보거나 걸음에 집중하며 거기에 의미를 부여하는 과정이 실제 현실을 바꿀 수 있을까요?

현실을 보면, 맹목적으로 수행방법 자체에 집착하게 되는 것을 종종 보게 됩니다. 그리고는 그 방법 자체에 여러 가지 의미를 부여합니다. 그러나 그 행위가 실제로 현실을 어떻게 변화시키는지 따져보지 않는 경우가 많습니다. 자신의 수행이 현실과 만나지 못할 때, 수행과 현실은 둘이 되며 분열됩니다. 이렇게 되면, 종교가 제 구실을 포기하는 결과를 낳게 됩니다. 수행은 달리기와 같이 어떤 과정을 마치면 그 일이 끝나는 것과는 다른 일이지요. 결국 형식에만 집착할 때 모방과 반복이라는 수행의 겉모습만 남게 됩니다. 이렇게 생각할 때, 지금 우리가 안고 있는 삶의 문제를 있는 그대로 받아들이고, 나아가 우리가 혼동 속에 있다는 사실을 인정하는 것이 수행의 출발이 아닐까요?

현실 삶 속에서 우리가 추구하는 가치의 실체와 조건이 무엇인가를 먼저 해명하는 것이 지금 이 순간을 사는 수행이라고 생각합니다. 이것은 우리의 삶이 문제인 것을 인정하고 일단 멈추는 태도입니다. '지금 여기서' 멈추고〔止〕, 우리 삶의 조건을 성찰〔觀〕하는 것입니다.

우리는 무엇을 바라보아야 할까요?

부처님은 『숫타니파타』 제4장(949)에서 이런 말씀을 하십니다.

"과거에 있었던 것을 쓸어버리고
미래에는 그대에게 아무것도 없게 하라.
또 현재에는 아무것도 집착하지 말라.
그러면 그대는 고요하게 거닐게 되리라."

걷기 명상을 하면서 걷는 것을 느끼고, 밥을 먹을 때 밥을 먹는 것과 하나가 될 때 그 속에 평화와 정토세계가 있다고 말들을 합니다. 과거와 미래에 집착하지 말고 바로 이 순간에 충실하라는 뜻으로 이 말씀이 이해되고 있지요. 과연 이것이 부처님의 명상일까요? 관법(觀法; 위빠사나)수행과 그 관찰대상은 예나 지금이나 계속 같은 것이어야 할까요? 왜 우리는 같은 형태의 수행을 반복할까요? 무엇을 보아야 진정으로 살아 있는 관법수행이 될까요?

우리는 미래를 생각합니다. 자신의 목표는 우리의 세속적 가치를 반영합니다. 자신의 삶을 계획하면서, 아파트 평수를 늘리고, 아이를 좋은 대학에 보내고, 통장금액을 늘이고, 사회적 지위를 얻는 일련의 가치관이 형성됩니다. 이 모든 계획 속에 자리 잡고 있는 과거·현재·미래의 시간이 모든 행동의 동기가 됩니다. 불가피하게 강요되는 이윤추구의 기업적인 삶이나 경쟁적인 교육, 두려움

속에 맞게 되는 호황과 불황의 예측 불가능한 경제, 그 속에서 뿌리 없이 오고가야 하는 피상적인 삶이 지금 우리가 겪는 삶의 모습이 아닐까요? 우리는 자신의 생존을 구하기 위해 대책 없이 이런 경쟁의 틀 속으로 들어서게 됩니다.

이런 상황에서 형성되는 마음속 시간은 갇혀진 현실에서 살아가야 하는 우리 자신이 만들 수밖에 없는 것이기도 합니다. 현실이 철벽같을수록 인간에 대한 불신, 타인에 대한 인색함, 무관심, 알 수 없는 증오, 이기심이 견고해지는 일 등이 일어나는 것을 봅니다.

미래와 과거, 현재에 대한 두려움은 어떤 사랑의 가능성도 부정합니다. 그러나 이렇게 마음속의 시간이 타인에 대한 무관심과 인색함의 원인임을 진지하게 발견할 때, 자신을 돌아보는 계기가 됩니다. 이러한 성찰은 밥을 먹을 때 그 행위에만 집중한다는 "지금 이 순간에"라는 수행과 아주 다르지요.

사람은 생로병사가 있건만, 기업이나 국가는 생·로·병·사가 없습니다. 국가라는 것은 일단 논외로 치더라도 특히 기업은 법적 인격을 가져 법인法人입니다. 그러나 그 법 속에는 생·로·병·사가 없습니다. 끝없는 이윤추구라는 현실명령은 여러 세대를 거쳐 그 기업에 종사하는 사람이나 그 기업의 주식을 쥐고 있는 모든 대중들의 의식을 틀어쥐고 있습니다.

고용··임금·이윤·주식배당에 의존하고 있는 이 현실은 곧바로 우리의 삶과 연결되어 있지요. 경쟁력이 있는 회사나 고임금이 보장된 직업에 속해야 아이를 좋은 대학에 보낼 수 있고, 안락한 삶과 명예가 보장됩니다. 사람과 사람 사이의 경쟁은 지위, 명예, 금전적 수입, 그리고 몸담고 있는 단체뿐만 아니라 소속하고 있는 종교까지 경쟁의 대상이 됩니다.

기업도 미래에서의 생존을 위해 경쟁을 해야 하고 끝없이 미래를 준비해야 합니다. 이런 문화가 심지어 생명을 가꾸는 농업과 종교, 시민단체까지 잠식해가고 있습니다. 기업이나 조직의 지속 자체가 삶의 목적이 되고 있지요. 이런 동기가 있을 때, 과연 우리가 맺고 있는 타인과의 관계가 평화로울까요? 이런 삶을 버려둔 채 닦는 수행이 우리의 삶을 어디까지 바꿀 수 있을까요? 우리 삶을 바꾸고 우리의 인격을 근본에서 바꾸는 것이 종교이며 그 실천이 종교적 수행이라면, 지금 우리가 하고 있는 수행이 과연 종교적 수행일까요? 아니면 이 시대의 삶이 혹 우리의 수행을 무의미하게 만들고 있지는 않을까요?

전쟁을 어떻게 볼까?

어떤 사람은 미국이 이라크를 침범하는 이유가 중동지역에서의 패권을 장악하고 유럽지역과 중국을 견제하기 위한 것이라고 설명합니다. 또는 전쟁의 이면에는 석유에 대한 미국의 통제권 장악이라는 의도가 숨어 있다고도 합니다. 또 어떤 분석에 의하면, 미국이 자신들의 잉여자본을 소화하기 위해 선택한 부패한 자본주의적 생존양식이라고 설명하기도 합니다. 잉여를 평화가 아닌 전쟁에 쏟아 붇기 때문입니다.

이 문제를 우리 불자들은 어떻게 바라보아야 할까요?

전쟁에 관한 여러 원인들을 볼 수 있지만, 사실 이 모든 것은 인간이 만든 것입니다. 인간의 마음이나 사고를 떠나서 독립할 수가 없지요. 우리가 이런 삶을 받아들이는 의식 속에는 전쟁의 원인이 없는 것일까요?

미국의 언어학자 촘스키 씨의 말대로, 전쟁의 무모함과 어리석음 그리고 그 속에 숨어 있는 위선과 이윤추구의 동기를 폭로하고, 세계시민의 양식에 호소하며 여론화하는 것은 인류의 마지막 남은 희망일 수 있습니다. 그러나 이러한 말이 공허한 외침이나 선언적 운동으로 끝나지 않으려면, 우리 마음속을 좀더 볼 필요가 있다고 생각합니다.

지금 우리가 살고 있는 모순된 삶의 방식을 어쩔 수 없다고 생각하고 받아들이는 데는 우리의 두려움도 한 뿌리를 차지하고 있습니다. 미래가 보장되지 않는 현실에서, 미래는 개인(혹은 집단)의 고통이며 동시에 두려움을 낳습니다. 두려움 속에서 생존과 안전을 구하는 태도가 오히려 전쟁과 폭력의 원인이며, 동시에 우리의 삶 자체를 황폐하게 만드는 원인이 아닐까요? 이런 현실 속에서 미래에 대한 불안을 우리가 과연 수행으로 버릴 수 있을까요? 미래가 불확실한 삶 속에서 단순히 미래에 대한 집착을 버리는 수행을 하거나, 반대로 불확실한 삶을 놔두고 자기의 안전을 추구하는 수행이 과연 우리에게 평화와 자비를 가져올까요? 또 이런 삶 속에서 지금 이 순간에 집중하거나, 자신의 행복을 비는 태도가 과연 타인에 대한 자비를 가져오는 수행인지 물어야 합니다. 나아가 불확실한 미래를 만드는 이 마음을 바꿀 수 있는 수행이 무엇인가를 물어야 합니다.

자기가 느끼는 두려움을 개인적인 문제가 아닌 우리 인간의 문제로 받아들일 수 있을까요? 폭력적이고 또 경쟁적인 지금 이 세상에 살면서 소외되고 피해를 입는 사람들의 고통을 우리 자신의 문제로 받아들일 수 있을까요? 이런 물음을 진지하게 자신에게 던질 때, 타인과 자신의 삶에 두려움 없이 다가갈 수 있다고 생각합니다. 자신의 문제를 인간의 고통으로 받아들일 때, 개인이라는 존재와 시간이 사라지는 것을 보기 때문입니다.

욕망과 죽음의 성찰

『숫타니파타』는 '부처님의 말씀(숫타)을 모음(니파타)'이라는 뜻의 초기 경전입니다. 그 중에서도 4장과 5장은 가장 고층古層에

속하는 경전으로 알려져 있습니다.

"세속적 욕망으로 쾌락에 사로잡힌 자는 해탈하기 어렵다. 참으로 다른 사람에 의해서도 해탈될 수 없다. 그들은 미래나 과거를 탐닉하면서 현재의 감각적 쾌락을 추구한다."
(『숫타니파타』 제4장 773)

"사람들이 '이것은 내 것이다'라고 생각하는 것은 무엇이나 그 사람의 죽음으로 사라진다. 나를 따르는 자는 진실로 이 진리를 깨닫고 내 것이라는 소유에 빠지지 말라."
(『숫타니파타』 제4장 806)

"사랑스러운 것에 탐욕을 내는 자는 근심·슬픔·인색함을 버릴 수 없다. 그러므로 성인은, 평안이 무엇인가를 깨달아, 소유를 버리며 이 세상을 거닌다."
(『숫타니파타』 제4장 809)

부처님께서 말씀하듯, 인간은 세속적 욕망에 대한 탐욕으로 과거와 미래를 탐닉하고 현재를 추구합니다. 그런데 놀랍게도 부처님께서는 근심·슬픔·인색함 등 세상 고통의 원인을 감각적 쾌락과 소유에 대한 탐욕에서 보고 있습니다. 나아가 소유에 대한 욕망과 집착·근심·슬픔·인색함 등을 시간과 죽음 속에서 통찰하고 계신 것을 봅니다.

현실조건과 가치관 속에서 쾌락과 불쾌가 일어나면, 마음속에서 시간이 일어나 미래나 과거를 탐닉하거나 두려워하고 동시에 현재의 행동을 선택합니다. 이 시간이 가져오는 두려움이 사고나 가치판단 과정 속에서 소유와 집착을 추구합니다. 욕망은 스스로 나와 남을 구분하고 과거·현재·미래 속에서 내 것을 주장할 정도로 지적知的입니다. 그러나 정작 죽음을 외면하고 은폐하는 자신의 맹목성에 대해서는 무지합니다. 소유와 감각적 쾌락의 대상을 추구하는 데 능한 욕망이 죽음에 대해서는 어둠에 처해 있는 것입니다.

죽음을 본 사람이 새로운 삶을 사는 경우를 많이 봅니다. 소박한 삶과 남을 사랑하는 삶은 죽음에 대해 진지한 사람이 한결같이 깨닫는 진리입니다. 자기 존재의 안전을 구하기 위한 시간이 사라진 것입니다. 부처님의 말씀처럼 죽음에 대한 화두를 우리 삶 한가운데 놓음으로써 지금 우리 삶의 방식을 바꿀 수 있는 가능성이 있지 않을까요? 사람이 죽을 때 그 죽음을 영안실에서 이해하는 것이 아니라, 우리 삶 한가운데서 보고 받아들이고 나누는 것입니다. 죽음은 외면할 수 있지만 피할 수는 없듯이, 태어남과 죽음은 우리 삶의 실상입니다. 어떤 명분으로 남에 대한 자신의 폭력을 정당화할 수는 있어도, 자신의 소유는 죽음 앞에서 초라하고 무력합니다. 죽음 앞에 섰을 때, 감추어진 소유와 시간이 드러납니다.

　불교는 폭력과 경쟁과 욕망의 고통을 삶과 죽음의 진실에서 보게 합니다. 나아가 모든 생명의 나고 죽음에서 우리 자신의 소유와 욕망을 성찰하게 하여, 무상無常과 무아無我가 우리 삶의 실상임을 깨닫게 합니다. 부처님께서 일찍이 내놓으신 수행법은 몸의 여러 더러운 부분을 관찰하는 부정관不淨觀이라는 수행법이었습니다. 백골관白骨觀도 그 일종이지요. 쾌락과 소유욕, 폭력 등의 문제를 죽음에서 성찰하는 수행입니다. 그러나 이 수행이 형식과 모방으로 이어지자, 현실이 사라졌습니다. 백골 뼈 마디마디가 제각기 마르고, 비틀어지고, 금이 가고, 갈라지고, 나뉘어지고, 조각이 되고, 가루가 되고, 먼지가 되어 급기야 공중에 산화되는 과정을 세밀히 관찰하는 수행으로 바뀌어진 것입니다. 더 이상 나눌 수 없는 부분까지 세밀히 관찰할수록 수행이 깊어져 무상과 무아를 더욱 깊이 본다는 사고가 전제되어 있습니다.

　밥을 먹으면서 먹는 것을 봅니다. 환경에 해로운 비료를 마구 사용한 쌀을 값이 싸다고 무조건 사 먹는다거나, 이웃 농부의 눈물을 흘리게 하고 온 나라의 환경과 생태가 무너지는데도, 값이 싼 쌀을 수입해 먹는 사고방식 속에 이기적 쾌락·물질적 이해타산·소유·폭력성이 있음을 봅니다. 이런 가치관과 삶을 바꾸는 것이 종교적인 수행이 아닐까요?

아니면 밥맛을 느끼면 맛이 일어나는 것을 보고, 맛에 대한 탐착이 일어나면 탐착한다고 알아채고, 그 과정에서 혀와 미각과 미각의식을 관찰하며 무상과 무아를 깨달아 가는 것이 우리 삶을 바닥까지 바꾸는 수행일까요? 이렇게 말씀드린다고 해서 필자가 혀와 맛과 미각의식을 관찰하는 수행이 소용없다고 말하는 것은 아닙니다.

수행을 할 때, 왜 그 수행방법을 선택해야 하는가에 대한 현실적 성찰이 필요하다는 것이지요. 현실적 당위가 없이 수행을 하면, 형식은 있으되 정작 현실은 사라진 수행이 됩니다. 경쟁과 폭력이 만연해 있는 지금, 어떤 수행방법을 선택하든, 어둠 속에 가려진 우리 자신을 볼 수 있게 하는 수행이 폭력과 경쟁적 삶을 바꾸는 불교적 수행이 될 것입니다.

불교는 죽음을 어떻게 바라보나?

나고 죽는 것을 불교에서는 생사일대사生死一大事라고 합니다. 나고 죽는 일이 매우 중요한 큰일이라는 뜻입니다. 또 부처님께서 출가하신 동기도 태어나고 늙고 병들고 죽는 일에서 벗어나는 길을 찾기 위해서라고 경전에서는 전하고 있습니다. 그래서 나고 죽는 데서 벗어나는 것을 해탈이라고 합니다.

왜 죽음이 불교에서 문제가 될까?

『쌍윳따니까야』(제3쌍윳따) 코살라품 '할머니' 경을 보면 이 문제를 다루고 있습니다. 당대 대국인 코살라라 국왕 파세나디는 자신이 사랑하는 할머니가 죽자 부처님을 찾아왔습니다. 파세나디왕은 부처님께 할머니가 살아날 수 있는 길을 묻습니다. 할머니가 살아날 수만 있다면 값비싼 코끼리나 말, 마을, 심지어 성이라도 내놓겠다고 말합니다. 할머니가 다시 살아나는 길이 자신이 아끼는 재물과 어떤 관계가 있다고 생각하는 것일까요?

예로부터 인간은 자신이 가장 아끼는 것을 신 또는 자연에게 바치면서 자신의 소원을 빌었습니다. 소원을 비는 수단 중 대표적인 것이 살아 있는 목숨을 바치는 제사였던 것을 모든 원시종교의 역사가 보여줍니다. 만약 부처님이 바라문이었다면, 왕에게 할머니의 다음 생을 위해 제사를 지내라고 권할 수도 있었을 것입니다. 어쩌면 그런 대답을 파세나디왕이 기대하고 있는지도 모릅니다. 그러나 부처님은 이렇게 말씀했습니다.

"왕이여, 모든 뭇 삶은 죽게 되어 있고, 죽음을 끝으로 하는 것이며, 죽음을 뛰어넘지 못합니다."
그러자 파세나디왕은 매우 놀라서 이렇게 말했다.
"세존이시여, 놀라운 일입니다. 세존이시여, 일찍이 들어보지 못한 말입니다."

『쌍윳따니까야』 1권 '불타는 집'의 품에서 부처님은 게송으로 말씀합니다.

"세상이 늙고 죽음으로 불탈 때에는 보시로써만 구원할 수 있다네. 모든 재산과 함께 이 몸은 끝내는 버려야 하리."

초기 경전일수록 죽음과 보시에 대한 이야기가 많이 나옵니다. 부처님은 인색함을 넘어서는 것이 죽음을 넘어서는 길이라고 말씀하였습니다. 불교는 베푸는 행위(보시)를 자비의 중요한 덕목으로 말합니다. 그러나 인색하게 사는 것이 우리 인간의 현실입니다.

모든 삶의 조건이 무상하고 내가 없다는 무아는 불교의 근본 가르침입니다. 무상의 가장 큰 현실은 죽음입니다. 죽음은 우리 삶 속에서 가까이 보이고 드러날 때 만날 수 있습니다. 죽음이 은폐되고 감추어지면, 죽음을 가까이 느끼고 볼 기회가 적어집니다. 지금처럼 죽음이 병원 영안실이나 장례식장에서 처리된다면 죽음을 만날 수 없을 것입니다.
우리는 죽음이 무엇인지 또는 죽어가는 과정을 깊이 느끼고 이해하지 못한 채 죽음이라는 말을 흔히 씁니다. 폭력으로 사람을 죽이면서도 악을 물리쳤다고 말합니다. 폭탄이 떨어져 아이들이 죽으면 기술적 실수라는 말로 죽음을 위장하고 있습니다. 문제는 이렇게 죽음을 은폐하는 문화가 점차 널리 받아들여지고 있다는 사실입니다. 이러다 보니 누구나 맞이하는 죽음을 점차 관념적으로 이해하게 됩니다.

아메리카 인디언들은 죽을 때 모든 친척과 친구, 가족을 불러서 인사를 합니다. 죽음을 자연의 한 부분으로서 받아들이는 인디언들이 땅과 자연을 아끼고 사랑했다는 사실은 깊이 생각해 볼 점입니다. 아메리카를 점령한 백인들이 땅을 빼앗고 또 땅을 돈으로 사려고 할 때, 한 인디언 추장은 자연은 사고 팔 수 있는 것이 아니라고 말했습니다. 사고파는 한, 자연을 사랑할 수 없다고 그는 말했습니다. 죽음에 대한 이해가 곧 소유와 깊은 관계가 있는 것을 보여주고 있습니다. 지금 우리 사회에서 가난이 뜻하는 것은 정신적인 빈곤이 아닌, 물질적 소유가 적은 것을 의미하고 있습니다. 현실을 이해하는 판단의식 속에 소유가 기준이 되고 있습니다.

부처님은 죽음을 매우 가깝게 느끼기를 요구하였습니다. 그래서 죽어가는 과정에 대해 깊이 명상할 것을 말씀했습니다. 그 방법으로서 부처님께서 제시한 것이 대표적으로 백골관과 부정관입니다. 백골관은 사람의 신체가 죽어가는 과정과 육체가 부풀고 말라서 결국 가루가 되는 과정을 바라보는 수행입니다. 부정관은 우리 신체를 있는 그대로 보는 수행입니다.

"코에서는 콧물, 입에서는 침이나 가래를 뱉는다.
온몸에서는 땀과 때를 배설한다. 머리는 뇌수로 가득 차 있다.
어리석은 사람은 이것을 깨끗하다고 한다.
육신이 넘어지면 부풀어 오르고 검푸르게 되며,
무덤에 버려져 친척도 그것을 돌보지 않는다.
개와 들여우, 늑대 벌레들이 파먹고 까마귀나 솔개 등이 쪼아

먹는다."

(『숫타니파타』, 뱀의 장, 승리의 경)

현실을 관찰하는 것이 곧 불교의 수행인 것을 알 수 있습니다. 만약 부정관이나 백골관을 하나의 수행으로만 받아들인다면 부처님의 뜻과는 어긋난다고 하지 않을 수 없습니다. 부처님의 가르침은 무상을 관념이 아니라 실제 우리 삶에서 보고 느끼고 만질 수 있게 합니다. 그래서 죽음을 종교의 영역으로 돌리는 것은 불교적 태도라고 할 수 없습니다.

부처님 당시에도 이런 오해가 있었습니다. 『쌍윳따니까야』 10권 (호흡품 베쌀리경)에는 당시의 제자들이 부정관의 가르침을 어떻게 이해했는지 알려줍니다.

어느 날 비구들의 숫자가 줄자 부처님은 그 까닭을 묻습니다. 비구들은 부정관을 수행하면서 자살을 하는 사람이 많기 때문이라고 말합니다. 『잡아함경』 제29권 13 '『금강경』'(대승경전 금강경과 이름만 같습니다.)에는 심지어 비구들이 외도(녹림 범지의 아들)를 찾아가 자신을 죽여 달라고 부탁을 했다고 합니다. 이런 부작용이 나오자 부처님은 호흡을 고르게 하는 수식관數息觀을 시작으로, 몸[身]과 느낌[受], 마음[心], 대상[法] 등을 관찰하는 사념처四念 處를 내놓게 되었다고 이 경은 전합니다.

죽음을 강조하는 부처님의 뜻이 죽음을 재촉하는 데 있는 것이 아니라는 것을 알 수 있습니다. 부정관이나 사념처의 관법 등 선정삼매의 수행을 강조하다 보면, 수행이 자신의 삶의 전부가 되기도 합니다. 그러나 세상 속으로 나오지 않는 종교는 세상의 고통에 대해 전혀 알지 못합니다. 세상의 고통을 깊이 살피지 못하는 종교는 결국 세상을 무시하거나 세상과 등지기 쉽다는 것을 역사는 보여주고 있습니다. 세상을 등지고 수행을 하면서 전문적인 혹은 고난도의 경지나 이론을 추구하지만, 막상 현실에 와서는 세상의 고통을 덜어주는 힘이 없습니다.

그러면 죽음을 강조하는 부처님의 뜻은 어디에 있을까? 『숫타니파타』 제5장에 보면 부처님의 뜻을 읽을 수 있습니다.

까파 존자가 말했다. "아주 무서운 홍수가 일어났을 때 호수 한가운데 서 있는 사람과 같이, 늙음과 죽음에 묶여 있는 사람들을 위하여 저에게 섬에 대해 말씀해 주십시오. 그리고 저에게 그 섬을 알려주십시오, 이런 일(재난)이 저에게 다시 일어나지 않도록."

세존께서 말씀하셨다. "아주 무서운 홍수가 일어났을 때 호수 한가운데 서 있는 사람과 같이, 늙음과 죽음에 묶여 있는 사람들을 위하여, 까파여, 그대에게 섬에 대해 말하겠다.

소유가 없으며, 집착이 없는 것이 이 섬이니, 다른 것과 비길

데가 없다. 나는 그것을 '불이 꺼진 것(닙빠나, 열반)'이라고 부르니, 늙음과 죽음의 완전한 소멸이다. 이것을 알고 깊이 새겨, 이 세상일에서 불이 꺼진 사람들은, 악마의 세력 속으로 들어가지 않는다. 그들은 악마에게 복종하지 않는다."
(『숫타니파타』 제5장 피안이 이르는 길, 바라문 까파의 질문)

홍수가 빈번한 인도에서 섬은 곧 피난처를 상징합니다.
바라문 까파와의 대화에서 부처님은 이 뜻을 매우 분명하게 우리에게 전해줍니다. '늙음과 죽음의 완전한 소멸'은 늙음과 죽음을 떠나거나 늙음과 죽음이 없는 곳으로 가는 것이 아니라, 감각적 쾌락과 소유에 대한 집착을 버리는 것을 의미하고 있습니다. 이 길이 인간 세상의 재난을 막는 길이며, 섬(피난처)이라고 부처님은 말씀합니다.
늙음과 죽음을 없애는 길은 쾌락과 소유에 대한 욕망을 버리는 데서 온다는 부처님의 말씀은 놀라운 가르침입니다. 남이 죽는 것을 보거나 스스로 죽음의 문턱에서 돌아온 사람들이 집착을 버리고 남을 위해 사는 것을 주위에서 볼 수 있습니다. 불교는 죽음을 장례의식이나 전문적인 수행과정에서가 아니라, 생생하게 살아 있는 현실에서 만나기를 가르치고 있습니다.
죽음을 있는 그대로 이해할 때 인색함을 넘어 남에게 자비를 베풀 수 있다는 부처님의 가르침은 죽음과 소유에 대한 깊은 통찰을 주고 있습니다. 불교에서 말하는 자비는 그래서 죽음에 대한 깊은 사색을 담고 있습니다. 불교는 죽음을 가까이서 만날 수 있도록 우리의 삶과 제도가 죽음의 존재에 열려 있기를 가르치고 있습니다.

부처님의 스승들

잘 알려진 대로, 고타마 싯다르타는 왕자로서의 삶을 버리고 성을 넘어 출가하였다. 싯다르타가 맨 먼저 한 것은 긴 머리를 자르는 것이었다. 그리고 옷을 갈아입은 후, 그릇 하나를 들고 밥을 얻어먹는 수행자가 되었다. 머리를 자르는 것은 그 당시 새로운 수행자의 모습이었다. 새로운 수행자라는 뜻은 전통적인 종교인 바라문교와는 다른 새로운 가르침을 추구하는 사람들의 모습이다.

부처님이 출가한 때는 정통적인 바라문 종교가 권위를 잃어가는 시대였다. 그 대신 고행이나 선정을 추구하며 해탈을 구하는 사상이 일어나고 있었다. 흥미로운 것은 부처님이 출가하여 가장 먼저 취한 행동은 이렇게 당시 새로운 수행자의 모습을 따라 삭발을 했다는 사실이다. 싯다르타는 왕궁에 있을 때 이미 세상의 변화를 깊이 인지하고 있었던 것이다.

싯다르타는 6년간 수행을 했다고 하는데, 초기 경전은 당대의 이름난 스승들인 알라라 깔라마, 웃타까 라마뿟타를 찾았다고 전한다. 이 두 스승은 해탈에 이르기 위해 선정을 닦아야 한다고 주장했다. 깊은 선정에 들면 아무것도 없는 경지에 들기도 하고, 또는 생각도 아니고 생각 아닌 것도 아닌 경지〔非想非非想處〕에 든다고 가르쳤다. 세월이 흘러 싯다르타의 수행이 높아지자 그들은 모두 싯다르타에게 교단을 같이 이끌어가자고 권했다. 그러나 싯다르타는 이 스승들을 떠났다.

싯다르타는 왜 그들을 떠났을까?

경전에 따르면, 이 스승들이 그들이 말하는 해탈과는 거리가 먼 삶을 살았기 때문이라고 전한다. 그들은 누가 자신의 교리를 반박하거나 의문을 제기하면 분노를 감추지 못했다. 스승들은 선정을 닦으면 누구나 해탈한다고 말했지만, 정작 그들은 여전히 분노와 오만에 묶여 있었던 것이다. 마음이 분노에 묶여 있는데, 어찌 기쁨과 평화가 깃들 수 있을까?

스승들이 여전히 분노와 교만에서 벗어나지 못한 것을 목격한 싯다르타는 스스로 이런 위선과 권위에 복종하지 않는 놀라운 지성을 갖추고 있었다. 그 당시로서는 비교적 늦은 나이인 29살에 출가했지만, 출가 전에 왕자의 신분으로서 이미 상당한 학문을 갖추고 있었던 것이다.

싯다르타는 남들이 모두 존경하는 늙은 스승들을 떠났다. 명성이 높은 스승을 떠날 때는 장차 자신이 누릴 수 있는 명예를 모두 버릴 각오를 해야 한다. 또 같은 제자들에게서 비하와 모멸을 감수해야 할 수도 있다.

이런 결단이 어찌 쉬운 일일까?

지금도 스승의 학문적 권위에 도전하면 불이익을 얻는 경우를 볼 수 있다. 프로이드와 융은 모두 사람의 마음을 치료하는 정신과 의사이자 학자였다. 그러나 스승 프로이드와 다른 새로운 학설을 제시한 융은 프로이드에 의해 많은 불이익을 받았다.

싯다르타는 그 후 몇몇 무리들과 함께 숨을 참거나 먹는 것을 극단적으로 줄이는 고행을 시작했다. 그러나 경전에 따르면, 단식을 하는 자들은 일정한 기간 동안 음식을 끊었으나 그 후엔 오히려 날을 잡아 더 많이 먹었고, 금욕하는 자들은 자기들끼리는 남녀 간의 쾌락을 추구하였다. 이것을 목격한 싯다르타는 고행 역시 인간을 자유롭게 하지 못한다는 것을 보고 고행을 포기했다. 그리하여 싯다르타는 한적한 강가에서 음식을 먹은 후 명상에 들게 된다. 고행을 포기하자 함께 고행을 하던 도반들이 타락한 자라고 비난하였다. 싯다르타는 이들마저 떠나지 않으면 안 되었다.

출가 후 선정과 고행을 두루 경험했지만, 이 두 가지가 모두 인간을 해탈시키기에 충분한 진리가 아님을 체험한 싯다르타는 무엇을 선택하였을까?

싯다르타는 홀로 강 언덕 나무 밑에 앉아 고통의 근원을 성찰하기 시작했다. 이렇게 원인을 하나하나 찾아가며 탐구하는 자세는 새로운 방법이 아니었다고 한다. 경전에 따르면 싯다르타가 선택한 이런 관찰의 길은 일찍이 싯다르타가 출가하기 전부터 사물을 탐구하던 방법이었다.

싯다르타는 마침내 고통과 고통의 원인, 그리고 고통이 사라진 열반과 열반에 이르는 길에 대한 깨달음을 얻게 된다. 이것을 4성제라고 한다. 그러므로 4성제는 고통의 원인을 찾아가는 연기법적인 성찰에서 나왔다고 할 수 있다. 연기법의 대표적인 형태는 12연기이다. 싯다르타는 고행이나 선정을 통해서가 아니라, 자신의 욕망을 성찰하여 깨달음을 얻었던 것이다.

선정을 통해 아무것도 없는 경지에 들거나 생각이 있지도 없지도 않는 상태에 드는 것은 겉으로 보기에는 마치 해탈한 듯 보인다. 지금도 인도에는 이런 상태에 머무는 것을 해탈이나 명상의 지극한 단계로 말하는 이가 있다. 그러나 부처님은 이런 상태를 '그렇게 생각하니 그렇게 보이는 것(『숫타니파타』)'이라고 잘라 말씀했다. 불교에서는 이런 선정 상태를 모두 생각이 만드는 마음의 장난이거나 욕망의 한 형태로 본다. 그러므로 이처럼 마음속의 욕망을 성찰하는 것은 그 당시 사상적 풍토에서는 매우 새롭다고 할 수 있다. 분별을 보고 그 미망을 깨달아 분별을 버리는 부처님의 가르침은 오늘 한국 불교의 뿌리인 선불교에 면면히 전해지고 있다.

경전에서는 부처님이 선택한 수행, 즉 마음을 성찰하는 것을 "일찍이 들어보지 못했던 새로운 가르침"이라고 표현하고 있다. 그러나 "누구나 지혜로운 사람이면 스스로 알 수 있는 보편적인 길"이라고 경전은 말하고 있다. 자신의 욕망을 성찰하는 길은 쾌락이나 고통을 통해 해탈을 추구하는 길과 다르므로 부처님은 이를 중도中道로 표현하였다.

싯다르타는 깨달음을 얻어 붓다가 된 후 가장 먼저 자신의 깨달음을 전해줄 사람으로 이 두 스승을 떠올렸다. 그러나 이 두 사람은 이미 세상을 떠난 뒤였다. 싯다르타의 스승에 대한 이야기는 『쌍윳따니까야』에 나오는데, 우리는 이 이야기를 통해 부처님의 출가 전 문제의식이 무엇인지 분명하게 짐작할 수 있다.

인간은 과연 탐욕과 교만과 분노에서 자유로울 수 있는가?
지식은 탐욕과 교만과 분노를 없애주는가?
해탈과 평화의 길이 있다면 그 길은 과연 무엇인가?
사상제와 팔정도 그리고 연기법 등 부처님의 가르침은 바로 위와 같은 싯다르타의 문제의식에서 이해해야 할 것이다.

붓다와 노숙자

지금으로부터 2,500여 년 전 인도에서 살았던 부처님(학자에 따라 여러 이설이 있지만 대개 B.C. 624~544로 본다)은 왕자의 지위를 버리고 출가한 분이다. 부처님이 주로 활동했던 갠지스강 유역은 B.C. 7세기에서 5세기에 걸쳐 전쟁이 빈번하게 일어났던 곳이었다. 큰 나라의 숫자가 7개국에서 2개국으로 줄어드는 과정에서 폭력과 살생, 약탈이 국가 간에 빈번히 일어났다. 초기 경전에 보면, 왕들은 코끼리부대, 전차부대, 기마부대와 보병부대를 가지고 있었다. 전쟁이 심해 다양한 폭력수단이 발달되어 있었던 것이다. 왕들은 군비를 강화하기 위해 백성들을 심하게 부렸다. 필요할 때마다 갖가지 방법으로 세금을 빼앗는 것은 물론이고, 토지도 왕의 소유라고 주장하면서 모든 생산수단을 손아귀에 넣었다. 농민은 강제노동으로 혹사당했고, 주민들은 아예 자기의 직업을 버리고 왕을 위하여 농업이나 공업의 노역에 종사했다. 사회의 근간이던 종교계급(바라문)은 왕을 위해 전쟁의 승리를 빌어주었다. 제사에는 많은 공물이 들었고, 이들은 모두 바라문들이 차지했다. 탐욕과 폭력이 세상을 지배하고 뭇 생명은 고통을 당했다.

전쟁이 빈번하다 보니 약소국의 상황이나 미래는 매우 불안했다. 약소국 석가족의 왕자로 태어난 고타마 싯다르타는 29살에 아내와 아들을 두고 왕궁을 떠났다. 성밖을 나서자 머리를 깎고 남루한 옷으로 갈아입었다. 이런 몸차림은 전통적인 종교인 브라만 Brahman사상을 부정하고 새로운 진리를 찾아다니는 수행자의 일반적인 모습이었다. 세상은 이미 혼란에서 벗어날 새로운 이념을 찾고 있었던 것이다.

고타마 싯다르타는 이후 6년간 스승과 도반을 찾으며 깨달음을 얻기 위해 돌아다녔다. 우선 알라라 깔라마와 웃타까 라마뿟따 등 유명한 두 스승에게서 선정(명상)을 배웠다. 그러나 함께 지내면서 그 스승들이 겉모습과는 달리 탐욕과 분노에서 벗어나지 못한 것을 보고 그들을 떠났다. 싯다르타는 이어서 그 당시 유행하던 고행을 몸소 실천했다. 그러나 고행을 해도 욕망에서 벗어나지 못하는 것을 보고 이마저 포기했다. 함께 고행을 닦던 동료들의 비웃음을 등지며, 싯다르타는 네란자라 강가 니그로다 나무 밑에서 홀로 사색을 시작했다. 여기서 고타마 싯다르타는 마침내 깨달음을 얻었으니, 깨달음을 얻은 이, 즉 부처님(Buddha, 붓다)이 되었던 것이다. 싯다르타의 나이 35세 때였다.

부처님은 자신의 깨달음을 전파하느라 늘 길 위에서 지냈다. 재가신도를 제외하고 부처님은 자신을 따르는 제자에게 자신과 같은 '집 없는 삶'을 요구했다. 그러므로 부처님의 제자가 된다는 것은 '집에서 집 없는 곳'으로 가는 출가를 의미했다.

부처님과 제자들은 오늘날 집 없는 사람, 특히 노숙인과 같은 삶을 살았다. 부처님은 제자들을 비구(Bikku, 여자는 비구니라고 한다)라고 불렀는데, 비구는 한문으로 걸사乞士라고 번역하지만, 그냥 거지라는 뜻이다. 당시 비구가 된다는 것은 '빌어먹는 놈'이 되는 것이었다. 지금 불교를 숭상하는 동남아시아의 여러 나라에서는 신도들이 길에서 합장을 하며 스님들에게 먹을 것을 바치지만, 그때 당시의 상황은 아주 달랐다. 기존 종교인인 바라문들의 박해로 밥을 얻지 못하는 일이 많았으며, 흉년에는 밥을 빌기가 더욱 어려웠다. 노동을 하지 않아 농부로부터 조롱을 받기도 했다. 부처님은 왜 길 위에서 얻어먹는 천한 삶을 선택했을까? 경전에는 부처님 스스로 그 까닭을 이렇게 설명하고 있다.

"비구들이여, 이처럼 밥을 얻어먹는 것, 이것은 남이 경멸하는 말할 수 없이 천한 생존수단이다. 세상에서, 비구들이여, '너, 밥을 얻어먹는 자야! 밥그릇을 들고 돌아다니는구나!'라고 말하는 것은 남을 욕할 때 흔히 쓰는 말이다. 그러나 바로 이런 생존수단을 좋은 집안의 젊은 사람들이 선택한 것이니, 이유가 있고 목적이 있는 것이다.

그들이 그렇게 하는 것은, 왕이 시켜서도 아니고, 강도가 시켜서도 아니고, 빚이 있어서도, 두려워서도, 혹은 다른 생계수단을 잃어서도 아니다. 그러나 생각하기를 '우리는 태어남, 늙음, 죽음, 우울, 슬픔, 고통, 비탄과 절망에 묶여 있다. 고통에 눌려 있으며, 고통에 의해 괴로움을 당하고 있다. 그래도 이 모든 괴로움의 덩어리가 끝나는 것을 알아낼 수 있다'는 생각으로 그렇게 하는 것이다."

(『이티부따카』 제3장, 생존수단)

부처님 스스로 밥을 빌어먹는 것이 남에게 경멸과 천대를 받는 일임을 알고도 제자들에게 이 길을 선택하기를 요구했던 것이다. 그 까닭은 누가 시켜서도 아니요, 빚이 있어서도 아니며, 달리 다른 생계를 얻지 못해서도 아니었다. 오직 생로병사에서 일어나는 고통의 원인을 알아 그 고통을 끝내기 위해서였다.

그러나 비구가 되는 목적이 아무리 해탈이라는 높은 가치를 지향한다 해도, 집 없이 노숙하며 사는 것은 쉽지 않았다. 수행자들은 무엇보다 오늘 당장 무엇을 먹고, 밤에 몸을 누일 잠자리를 찾아야 했다. 그리고 길 위에서 지낼 때는 뱀, 독사, 모기, 도둑 등을 조심해야 했다. 나무 아래나 동굴에서 좌선을 하다 독사에 물려죽은 제자들도 적지 않았다. 그래서 부처님은 제자들에게 이렇게 가르쳤다.

"생각이 깊고 행동을 자제하는 슬기로운 수행자는 다섯 가지 공포에 떨어서는 안 된다. 즉, 말파리, 모기, 뱀, 도둑을 만나는 일과 네 발 가진 짐승들이다. 다른 종교를 따르는 사람들이 두려운 짓을 하는 것을 보더라도, 그들을 두려워해서는 안 된다. 착하고 건전한 것을 추구하여 다른 두려움을 이겨내라. 병이나 굶주림, 추위나 더위를 견디어야 한다. 그런 것들이 여러 가지로 괴롭혀도, 집 없이 지내며, 굳세게 노력하여 이겨내어야 한다. 도둑질을 하지 말라. 거짓말을 하지 말라. 약한 것이나 강한 것이나 모든 생물에게 자비한 마음으로 대하라. 마음의 혼란을 느꼈을 때는 악마의 편이라 생각하고 이것을 제거하라. 분노와 교만에 지배되지 말라. 그 뿌리를 뽑아 버리고 꿋꿋하게 서야 한다. 또 유쾌한 것이나 불쾌한 것이나 모두 극복해야 한다. 지혜를 좋아하고 선善을 기뻐하여, 위험과 재난을 물리치라. 외딴 곳에 눕는 불편함을 참으라. 다음 네 가지 걱정거리를 이겨내야 한다. 즉, '나는 무엇을 먹을까?' '나는 어디서 먹을까?' '어제 나는 잠을 못 잤다.' '오늘 밤 나는 어디서 잘 것인가?' 집을 버리고 진리를 배우는 사람은, 이러한 걱정을 쫓아버려라."

(『숫타니파타』 제4장 8개의 장 '싸리붓따'품, PTS 2001)

오늘날 노숙하는 사람들이나 그 옛날 인도의 수행자들이나 노숙하며 빌어먹는 이상, 자고 먹는 걱정은 다 비슷했던 것이다. 부처님은 늘 제자들에게 이런 근심을 이겨내라고 말했다. 부처님과 제자들이 모인 곳에는 늘 평화롭고 신성한 침묵이 흘렀다고 경전은 전하고 있다.

인도는 날씨가 더운 탓도 있겠지만, 부처님은 오전에 밥을 빈 뒤에는 숲에서 제자들과 대화를 하거나 명상에 잠기며 지냈다. 그리고 여러 지역을 다니며 설법을 했다. 부처님의 명성이 세상에 알려지면서 왕족이나 부유한 사람들이 숲이나 집(정사)을 기증했지만, 정사는 잠시 잠만 자는 곳이었다. 숲이나 정사의 모든 관리는 재가신도들이 맡았다.

노숙이 어려운 일인 만큼 수행자의 비리도 많았다. 당시 다른 종교의 수행자 중에는 노숙의 고통을 덜기 위해 거짓말과 헛된 예언을 하는 자도 있었다. 그들은 이상한 주문을 만들어 내거나 사람들에게 미래의 불행을 떠벌이며 위협을 하기도 했다. 물론 그 수행자가 요구하는 대로 재물을 바치면 나름대로 저주를 풀어주거나 축복을 해주었다. 『숫타니파타』 제5장에는 저주를 받은 사람이 두려움과 괴로움에서 벗어나기 위해 부처님을 찾는 이야기가 나온다. 부처님은 당신의 제자들이 이런 길을 걷지 않도록 구체적으로 금지할 것을 정하기도 했다. 점을 치거나 도둑질을 하거나 남녀 간의 중매를 서는 것을 금했다. 부처님은 수행자의 마음속에 있는 욕망과 분노와 교만을 늘 경계했다.

부처님은 길 위에서 만난 가난한 사람이나 집 없이 방황하는 사람들을 차별하지 않고 제자로 받아들였다. 집 없이 노숙하며 사는 사람들이 어찌 행복한 사람들이었을까? 이들을 받아들이며 부처님은 무엇을 가르쳤을까? 『테리가타』(장로비구니의 게송) 경에는 자식을 잃고 알몸으로 떠돌던 여인이 부처님을 만난 이야기가 나온다.

"아들의 죽음으로 슬픔에 빠지고, 마음이 혼란하여, 알몸으로 머리를 산발한 채, 나는 여기저기를 떠돌아 다녔습니다. 쓰레기 더미와 공동묘지, 그리고 큰 길에서 3년 동안 굶주림과 갈증으로 떠돌아 다녔습니다.
길들여지지 않은 사람을 길들이는 사람, 깨달은 분, 아무 두려움도 없는 훌륭한 나그네(부처님)께서 미틸라 시에 오신 것을 보았습니다. 마음을 다시 다잡고 그분에게 예배를 올리고는, 저는 자리에 앉았습니다.

자비로움을 베푸시며 고타마께서는 저에게 진리를 가르쳐 주셨습니다. 진리를 듣고서는 저는 집 없는 삶으로 나아갔습니다. 스승님의 가르침대로 나 자신을 닦아서, 나는 행복한 경지를 실현했습니다. 모든 슬픔은 끊어지고 사라져, 이로써 끝이 났습니다. 나는 슬픔이 일어나는 뿌리를 이해했기 때문입니다."
(바싯티 비구니의 게송, 『비구의 노래 비구니의 노래』, 박용길 역 참조)

위 경전에 나오는 바싯티 비구니는 아들을 잃고 알몸으로 떠돌아다니는 여자였다. 그녀는 부처님의 제자가 되어 집 없이 얻어먹는 삶을 살았지만 행복을 얻었다. 슬픔이 일어나는 뿌리를 이해하여 슬픔을 끊었기 때문이다. 바싯티 비구니의 말은 부처님의 가르침이 행복을 얻는 것이며, 그 길은 슬픔의 뿌리를 깊이 이해하는 데 있음을 보여준다.

슬픔의 뿌리를 부처님은 어떻게 가르쳤을까?
『법구경』과 함께 불교 경전 중에서도 초기에 성립된 『숫타니파타』에는 부처님 설법의 원형을 볼 수 있다.

"진실로 이 생은 짧다! 사람은 백 년을 살지 못하고 죽는다. 설사 그 넘어를 산다고 해도, 결국 늙음으로 인해 죽고 만다. 사람들은 자기가 아끼던 것들을 위해 근심하게 된다. 어떤 소유도 오래 갈 수 없기 때문이다. 진실로 자기가 가지고 있는 소유에서 이렇게 떨어질 수밖에 없다는 것을 이해하고서, 사람은 세속의 삶을 살아서는 안 된다.
'내 것'이라고 생각하는 것은 무엇이나 그 사람의 죽음과 더불어 사라진다. 진실로 이것을 이해하여, 나를 따르는 사람, 현자는 소유를 향해 마음을 기울여서는 안 된다. 사람이 꿈속에서 무엇을 만났든지, 깨어나면 그것을 보지 못하듯이, 아무리 사랑하는 사람들이라도 죽어서 떠나버리면 그들을 보지 못한다.
'그렇고 그런' 이름으로 눈에 보이고 귀에 들려진 사람들이 있다. 그러나 그 사람이 세상을 떠나면, 오직 그 사람의 이름만 남아 입에 오를 뿐이다.
자기가 사랑하는 것을 아끼는 사람은 근심과 슬픔과 탐욕을 버리지 못한다. 그러므로 현자는 해탈의 평안을 찾아 소유를 버리고 다녀야 한다."

(『숫타니파타』 제4장 늙음)

부처님은 삶과 죽음의 무상無常함을 성찰할 것을 가르쳤다. 인간과 세상의 무상을 깊이 이해할 때 이 세상에 내가 없고〔無我〕, 나의 것이 없음을 깨닫게 된다. '나와 나의 것'이라는 생각은 마음속의 관념이며 욕망이지만, 탐욕과 분노와 폭력을 일으킨다. 자신의 소유에 집착하는 사람은 근심과 미움과 탐욕에서 벗어날 수 없다. 그래서 부처님은 늘 출가자에게는 무소유를, 재가신도에게는 보시를 강조했다. 소유 자체를 부정하는 것이 아니라 소유의 욕망에 대한 근원적인 성찰을 가르쳤다. 부처님은 사색과 성찰 그리고 남에 대한 자비와 연민은 계급이나 성별과 관계없이 누구에게나 가능하다고 생각했다. 누구나 진리를 깨달은 자(부처)가 될 수 있는 것이다. 그래서 부처님의 교단은 왕족이나 부유한 사람뿐만 아니라 가난하고 계급이 낮은 떠돌이들까지 모두 포용했다.

부처님을 따르는 출가자가 많아지자 먹는 것이 큰 부담이 되었다. 초기에 부처님의 제자가 소수일 때는 별 문제가 없었지만, 점차 출가자의 수가 많아지면서 얻어먹는 일이 문제가 된 것이다. 한편으로는 부처님을 공양하는 사람이 많아지자 잘 먹기 위해 출가하는 사람도 생겼다. 몇 만 가구가 사는 당시로서는 꽤 큰 도시라고 해도 끼니때마다 몇백 명의 비구들을 다 먹여주기는 현실적으로 쉬운 일이 아니었다. 더구나 당시에는 불교 외에도 다른 종교의 출가수행자들이 많이 있었다. 서로 후원자를 얻기 위해 다른 종교의 수행자들이 부처님을 모함하는 일까지 생겼다. 부처님의 제자 중에 하루 두 끼나 세 끼를 먹으려는 비구들이 늦은 밤에도 재가자의 집을 방문해 사람들을 놀라게 하는 일도 있었다. 그러자 부처님은 하루에 한 끼만 먹는 것으로 승단의 규칙을 정했다. 출가자들에게 먹을 것을 대주는 재가자들의 부담을 고려한 것이다. 이에 제자들이 불평하자, 부처님은 하루 한 끼를 먹고서도 건강을 유지하는 자신을 증거로 내세우며 불평하는 제자들의 입을 막았다. 지금도 절에서 오후에 밥을 먹지 않는 전통〔午後不食〕은 이때부터 출발하였다.

부처님은 길 위의 삶을 주장하며 욕망의 성찰과 무소유의 삶을 가르쳤지만, 집 없이 얻어먹는 삶 자체를 선택한다고 해서 욕망에서 자유로워지는 것은 아니었다. 부처를 팔아 밥을 먹거나 자신의 소유를 늘이는 지금 세상의 폐단이 부처님 당시에도 일어났다. 노숙의 삶 자체가 자신의 욕망을 채우는 또 다른 유혹이 되기도 했던 것이다.

제자들 중에는 고행을 더 심하게 해야 자기완성을 할 수 있다고 주장하는 사람이 있었다. 부처님의 사촌이자 부처님을 따라 출가한 제바달다도 그런 사람 중의 한 사람이었다. 제바달다는 부처님의 교단이 물질의 풍요에 병들어 있다고 비난하며 좀더 엄한 계율을 주장했다. 그래서 자신을 따르는 무리를 거느리고 나가 독자적인 교단을 세웠다. 제바달다는 고기와 생선을 먹지 말 것, 평생 마을에 머물지 말고 숲에서 머물며, 집에서 자지 말고 나무 밑에서 잘 것, 평생 떨어진 옷을 입고 일반인(거사)의 옷을 입지 말 것, 걸식을 해서 먹지 밥을 청해서 먹지 말 것 등 과격한 주장을 했다. 좀더 철저하게 거지의 삶을 살자고 주장한 것이다. 과격한 주장은 언제나 겉으로 도덕적 순결을 내세운다. 그러나 부처님은 제바달다의 동기를 꿰뚫어 보았다. 제바달다는 당시 대국인 마가다국의 새로운 실력자인 아지타삿투 왕자의 후원을 얻었다. 그는 승단의 최고 지도자를 꿈꾸었던 것이다. 부처님은 해탈한 아라한이라도 명예와 이익과 환대의 유혹에 넘어갈 수 있다고 제자들에게 경책을 했다.

부처님은 자신이 얻은 깨달음을 전하다 80세로 사라쌍수 밑에서 열반하였다. 집이나 절에서 돌아가신 것이 아니라 길 위에서 돌아가셨던 것이다. 부처님은 평생 옷 한 벌과 밥그릇(발우) 하나로 얻어먹으며 길 위에서 지냈다. 걸식의 정신적인 의미인 무소유를 몸소 실천했다. 지금도 걸식제도를 지키는 남방불교에서는 부처님의 형상을 만들 때 언제나 무릎 위에 발우를 놓는다.

필자는 지난 몇 년간 노숙자들이 낮 동안 목욕과 빨래를 하고 점심을 먹는 드럽인센터(사명당의 집)를 운영한 경험이 있다. 하지만 센터 주변 주민들의 반대에 부딪혀 지금은 노숙자들이 있는 곳을 찾아가 먹을 것과 마실 것을 주고 있다. 그런 과정을 통해 일부 노숙자들이 이따금 사소한 일에도 성을 내고 싸우는 것을 보았다. 그 분노의 뿌리가 무엇인가에 대해 누구도 쉽게 말할 수 없을 것이다.

노숙은 날로 심해지고 있는 빈부의 격차나 가족 간 연대감의 상실, 미래에 대한 희망의 부재 등 사회 구조적인 문제에 의해 일어나고 있다. 그러나 노숙의 고통을 경제적인 문제로만 보는 것은 지금처럼 노숙인 시설이 오히려 남아도는 현상을 설명하기 어렵다. 복지가 완벽하다고 알려진 독일에서도 노인들이 양로원을 마다하고 불편하더라도 가족에 남아 있기를 원한다고 한다.

경쟁과 물질적 풍요가 약속하는 인간은 겉은 화려해 보이지만, 그 속은 극히 초라하다고 하지 않을 수 없다. 물질적으로 풍요한 삶이 공해를 유발하고 환경파괴를 낳는 현실에서 지속가능한 삶이 새로운 과제로 떠오르고 있다. 청빈한 삶이 대안으로 제시되고 있기도 하다. 노숙자와 같이 구걸해 사는 가장 비참한 생존조건에서도 최고의 깨달음을 얻어 인간의 존엄을 지키던 초기 불교교단의 모습은 오늘 우리에게 새로운 가능성이 아닐까? 필자는 이 가능성을 종교적인 영역으로 한정하기보다, 정신적 깊이를 회복하여 현실의 여러 한계를 넘어서는 미래의 비전으로 말하고 싶다. 이러한 비전은 국가와 집단과 계급의 폭력으로부터 고통을 당한 인류의 비원悲願이기도 하다.

셋째 마당

경전을 읽으며

웃비리 비구니 이야기

현대 문명은 죽음을 삶으로부터 분리시키고 있다. 재화를 생산하지 못하는 늙음과 죽음을 중요하게 여기지 않는다. 그래서 죽어가는 과정을 지켜볼 기회가 드물다. 심지어 가까운 사람이 죽어도 영안실에서 생전의 사진을 통해 상징적으로 만나게 된다. 상징과 관념 속에는 죽음의 진실을 경험할 기회가 없다. 죽음을 직접 지켜보고 온몸으로 느낄 때, 죽음이 자신의 삶에 들어올 수 있다. 의식의 전환은 열려진 감각과 경험을 통해 얻어지기 때문이다.

부처님은 제자들에게 공동묘지에서 지내거나 죽은 사람의 뼈를 보며 죽음에 대해 명상하도록 했다. 불교는 삶과 죽음 속에서 무상을 보는 가르침이라고 할 수 있다. 무상을 깊이 이해할 때 해탈을 얻을 수 있다고 부처님은 말씀하셨다. 인디언들은 죽기 전 주위 사람들을 불러 작별 인사를 한다고 한다. 죽어가는 사람과 대화를 하고 죽음을 가까이에서 본 사람은 삶을 유한하게 보게 된다. 죽음을 삶과 함께 일상적인 일로 받아들이게 되는 것이다.

『장로니게경(테리가타)』에는 웃비리 비구니가 출가하기 전 자신의 삶을 읊은 게송이 실려 있다.

웃비리 비구니는 출가하기 전 사랑하는 딸 지바를 잃은 어머니였다. 그녀는 딸의 시신을 불태운 화장터를 떠나지 못했다. 화장터 숲 속에서 울며 헤매던 지바의 어머니는 부처님을 만나 가르침을 듣고는 출가하여 비구니가 된다.

다음은 경전에서 전하는 웃비리 비구니의 게송이다.

부처님이 말씀하셨다.
"지바의 어머니여, 그대는 '지바야!'라고 외치며 숲 속에서 울고 있구나.
웃비리여, 그대 자신을 알라.
똑같이 지바라는 이름을 가진 8만4천이나 되는 딸들이
이 화장터의 불 속에서 화장되었건만,
그 중에 누구를 그대는 서러워하고 있는가?"

웃비리가 부처님에게 말씀드렸다.
"참으로 부처님은 제 가슴 깊이 박혀, 잘 보이지 않는 화살을
뽑아 주셨습니다.
딸 때문에 슬픔에 잠겨 있는 저에게 슬픔을 없애 주셨습니다.
지금 저는 화살을 뽑아냈습니다.
저는 굶주림(갈애)에서 벗어나 평안을 얻었습니다.
저는 부처님과 법과 승단에 귀의합니다."
〈『테리가타(장로니게경)』〉

이 세상은 삶과 죽음이 끝없이 되풀이되는 곳이지만, 자식을 잃고 슬퍼하는 어머니를 누가 위로할 수 있을까? 딸의 이름을 부르며 숲 속에서 울고 있는 여인을 본 부처님은 이렇게 말씀했다.

"웃비리여, 그대 자신을 알라.
똑같이 지바라는 이름을 가진 8만4천이나 되는 딸들이
이 화장터의 불 속에서 화장되었건만,
그 중에 누구를 그대는 서러워하고 있는가?"

부처님은 삶과 죽음의 무상을 보지 못하는 지바의 어머니에게 자신을 알라고 깨우치셨다.
슬픔에 빠져 자식 잃은 고통을 자기만의 일로 여기는 사람이

부처님의 이 말씀을 받아들일 수 있을까? 부처님의 가르침을 들은 지바의 어머니에게 무슨 일이 일어난 것일까?

그대 자신을 알라는 말씀과 수많은 삶과 죽음 속에 나의 자식, 나의 소유가 없다는 부처님의 말씀을 받아들인 지바의 어머니가 놀랍다. 그녀는 부처님의 가르침을 들은 후 이렇게 말하고 있다.

"지금 저는 화살을 뽑아냈습니다.
저는 굶주림(갈애)에서 벗어나 평안을 얻었습니다.
저는 부처님과 법과 승단에 귀의합니다."

웃비리 비구니의 게송은 무상無常과 무아無我의 진리가 이처럼 세상의 진실에 눈을 뜨게 하고 슬픔에서 벗어나게 하는 심오한 가르침임을 보여준다.

경전을 읽다 보면, 부처님께서 특히 무상의 진리를 늘 맨 처음에 말씀하는 것을 볼 수 있다. 무상의 진리는 죽음을 생각하지 않고서는 그 뜻을 깊이 이해할 수 없다.

모든 것이 무상하다는 부처님의 가르침을 우주의 물리적인 변화로만 이해한다면, 결코 죽음이 삶으로 들어올 수 없다. 죽음을 깊이 이해할 때 행복한 삶을 살 수 있다고 부처님은 우리에게 가르치고 있다.

나무를 심는 사람들

〔하늘사람〕 "어떠한 사람들에게
밤낮으로 공덕이 항상 늘어납니까?
진리에 의지하고 계행을 갖추어
어떤 사람이 하늘나라로 갑니까?"

〔세존〕 "공원과 숲을 지어주는 사람들,
다리와 우물과 물 마실 곳을
지어주는 사람들,
머물 집을 베풀어주는 사람들

바로 그 사람들에게 밤낮으로

공덕이 늘어나고
진리에 의지하고 계행을 갖추어
그러한 사람들이 하늘나라로 간다네."

〈『쌍윳따니까야』 제1쌍윳따, 5) 불타는 집의 품, (7) 나무 심기〉

초기 경전을 보면, 부처님께서 가난한 사람, 출가 수행자, 걸인에게 자비를 베풀 것을 말씀하시는 것을 자주 볼 수 있습니다. 특히 부처님은 인색함을 넘어설 것을 강조합니다. 인색함이 보시를 하는데 가장 큰 장애물이기 때문입니다. 인색을 이해하기 위해서는 깊은 사색과 관찰이 요구됩니다.

이 경전은 시로 이루어져 있습니다. 시의 형식을 띠고 있는 것으로 보아 누구나 많이 외우고 다니던 부처님 말씀이었을 것입니다. 시의 내용을 보면 부처님이 말씀하는 보시는 다양합니다. 그러나 부처님이 세상에 계실 때, 보시가 성하지 않았던 것은 아닙니다. 많은 생명과 재물(재물에는 집, 수레, 여자가 포함됩니다)을 왕이나 부유한 장자들이 제사를 지내는 데 보시를 했던 것입니다. 그러나 보시를 베푸는 대상은 해와 달 등 우주 자연이며, 그 제사를 주관하는 주체는 바라문, 즉 당대 주류 종교가였습니다. 전쟁에서 승리를 빌거나 풍년, 장수, 후손의 번영을 위해 제사를 지냅니다.
주문을 만들어 외우고, 짐승을 죽여 목숨을 바치는 행위를 통해 자기 목숨의 안전이나 연장 등 반대 급부를 기대합니다. 그러므로 제사는 미래의 번영을 보장해주는 권위를 가지고 있습니다. 또 그 실천수단인 주문은 신비적인 색채를 띠게 됩니다. 그리고 제사와 주문의 권위와 정당성은 전통적으로 내려오는 경전인 『베다』에 근거를 둡니다. 현실 속에서는 인과관계를 검증할 수 있는 합리적인 근거가 없기 때문입니다.

한편, 제사를 지내는 바라문은 제사의 권위를 독점적으로 유지하기 위해 바라문의 족보를 만들어 혈통의 피섞임을 방지합니다. 또 한편으로 베다의 지식을 전하는 것과 남을 위해 제사를 지낼 수 있는 권위를 독점합니다. 즉 바라문 계급만이 남에게 베다를 가르칠 수 있고, 제사를 지내되 남의 보시를 받을 수 있는 것입니다.
제사와 주문이 미래를 보장하는 권위를 가질 때, 미래의 행복을 구하는 사람은 누구나 제사를 지내게 됩니다. 그러나 현실적으로 제사에 필요한 공물을 받는 주체는 바라문입니다. 이런 사고가 지배하는 현실 속에서는 가난한 사람, 수행자, 거지에게는 보시를 베풀지 않습니다. 이들에게는 미래를 보장해주는 권위가 없기 때문입니다. 그러나 부처님은 진정으로 하늘에 나는 사람은 가난한 사람, 거지, 출가 수행자에게 공원과 숲을 지어주는 사람이며, 다리와 우물과 물 마실 곳을 지어주는 사람들, 나아가 머물 집을 베풀어주는 사람들이라고 말씀합니다. 제사와 주문을 통해 하늘에

난다는 주류 바라문의 종교적 권위를 정면으로 거부합니다. 오히려 계율을 지키는 사람이 하늘에 난다고 말씀합니다.

부처님이 당대에 제시한 계율은 5가지(오계)입니다. 즉 전쟁이나 제사를 위해 살생을 하지 말고, 주문과 제사를 통해 남의 것을 빼앗지 말고, 전쟁이나 제사에 전리품으로 거래되는 여자를 받거나 폭력으로 남의 여자를 약탈하지 말고, 거짓 증언이나 저주를 하지 말고, 술을 마시는 등 감각적 쾌락을 구하지 말 것 등입니다. 5계를 지키고 욕망을 성찰하는 가르침은 결국 주류 종교인 바라문의 타락한 가르침을 거부하는 태도입니다. 당대 종교가 소유와 감각적 쾌락을 추구하며, 현실 속의 많은 가난한 사람들, 거지들, 출가 수행자의 가난과 고통을 외면하기 때문입니다. 소유와 감각적 쾌락을 추구하는 욕망 속에 '나와 나의 것'에 대한 집착을 보신 부처님은 욕망이 초래하는 현실 고통을 강조하십니다.

　부처님은 욕망을 추구하는 자신을 성찰하여, 무상과 무아를 깨달을 것을 가르치셨습니다. 생로병사에서 일어나는 고통의 원인을 인간의 욕망에서 보고 이해하는 것이 연기법이니, 이러한 부처님의 깨달음은 고행이나 제사 등을 통해 행복을 추구하는 당대 사상과는 달리 극단적인 두 길을 떠나 가운데 길(中道)을 지향합니다. 욕망의 성찰을 통해 행복한 삶을 만드는 길이 중도입니다.

부처님은 인색을 넘어서 가난한 사람들에게 보시할 것을 말씀합니다. 가난한 사람, 거지, 출가 수행자에 대해 자비를 베풀고, 진리에 의지하고 계행을 지키라고 말씀하는 부처님은 전쟁과 가난, 왜곡된 종교질서와 이기적 향락과 인색함 등 당대 현실을 문제 삼고 있습니다. 또 부처님의 가르침 속에는 이러한 인간과 생명의 고통을 자신의 고통으로 받아들이는 부처님의 깊은 연민이 있습니다.

제사행위를 통해 하늘에 태어난다고 생각하는 바라문교나, 또는 출가하여 고행을 함으로써 인간이 해탈할 수 있다는 당대의 두 큰 사상의 흐름 속에서 볼 때, 부처님께서 말씀하신 이 시는 새로운 가르침입니다. 즉 욕망을 성찰하고 오계를 지키며, 가난한 사람에게 숲과 다리와 우물과 집 등을 베푸는 것이 하늘에 나는 길이라고 부처님은 말씀합니다.

하늘에 태어나는 것에 대해 사람들이 가지고 있는 전통적인 소망을 받아들이면서도, 하늘에 태어나는 길을 당신의 깨달음 속에서 말씀하고 있는 것입니다.

간인경을 읽으며

이와 같이 나는 들었다.
어느 때 부처님께서 사위국 기수급고독원에 계셨다. 그때 얼굴이 아주 잘생긴 어떤 천자가 새벽에 부처님께서 계신 곳으로 찾아가서 부처님의 발에 머리를 조아려 예를 올리고 한쪽에 물러나 앉아 있었는데, 그의 온몸에서 나오는 광명이 기수급고독원을 두루 비추었다.
그때 그 천자가 게송으로 부처님께 말했다.

아끼고 인색함이 마음에 일어나면
보시를 능히 행하지 못한다오.
밝은 지혜로 복을 구하는 사람이라야

비로소 은혜를 베풀 수 있으리.

그때 세존께서 게송으로 말씀하셨다.

두려움 때문에 보시를 하지 않으면
늘 보시하지 못한 두려움을 갖게 된다.
두려움은 주리고 목마름에서 일어나느니
아끼는 마음은 이 두려움을 따라 일어난다.

이 세상과 또 다음 세상에서
늘 어리석어 주리고 목마름에 두려워한다.
죽으면 죽는 이를 따르지 않고
홀로 떠남에 양식을 지니지 못한다.

적은 재물로 보시할 수 있어도
많은 재물은 또한 내놓기 어렵다.
내놓기 어려워도 능히 내놓으면
이것을 어려운 보시라 한다.

무지한 자는 깨닫지 못하나
지혜로운 자는 알기 어려운 것을 안다.

진리로써 아내와 아들을 키우고
적은 재물이라도 마음을 깨끗이 보시하라.

백 가지 천 가지 큰 잔치에 베풀어
복과 이익을 얻은 것은
앞의 진리에 따른 보시에 비하면
16분의 1에도 미치지 못하리라.

때리고 묶어 뭇 생명을 괴롭혀
그렇게 얻은 재물은
널리 베풀어 온 나라를 편안케 해도
이것은 죄 있는 보시라 한다.

뭇 생명에 평등한 보시에 비하면
숫자로 비교할 수 없이 작으리.
진리에 따라 잘못을 저지르지 않고
거기서 얻은 재물로 보시를 하라.

보시하기 어려운 보시를 행하면
이것은 응당 어질고 거룩한 보시이니
저 세상에 가서도 늘 복을 얻을 것이요

목숨을 마친 후 하늘에 태어나리.

그때 그 천자는 다시 게송으로 말하였다.

오래 전에 바라문을 보았는데
그 바라문은 반열반을 얻어
모든 두려움에서 이미 벗어났고
세상의 애착까지 모두 벗어났네.

그때 그 천자는 부처님의 말씀을 듣고 기뻐하면서, 부처님의 발에 머리를 조아려 예를 올리고 곧 사라지더니 나타나지 않았다.

(『잡아함경』제48권 1288, 간인경慳吝經)

천자는 전생에 복을 지어 하늘에 태어나 살고 있는 존재로, 인도인들의 윤회 관념에서 나온 영적인 존재입니다. 사람들이 아끼고 인색함 때문에 보시를 하지 않는다고 천자가 노래하자, 부처님은 그 원인이 어디에 있는지 노래로 대답합니다. 이 경전은 마음의 고통이 있을 때 그 원인을 찾아가는 전형적인 연기법적인 대화를 보여줍니다.

부처님은 게송에서 말씀하듯, 아끼고 인색함이 두려움에서 생기며, 그 두려움은 끝없이 굶주리고 목마를까 하는 애착과 걱정에서 나온다고 하십니다. 애착과 걱정이 두려움을 낳고 두려움은 다시 인색함을 낳습니다. 이렇게 두려움과 인색함 등 마음의 여러 현상을 생명의 고통과 삶의 조건 속에서 관찰하는 부처님의 안목은 마음을 단순히 수행의 대상으로만 이해하는 태도와는 다르다고 할 수 있습니다.

인색함의 원인을 미래에 대한 두려움에서 찾고 그 두려움을 우리가 가진 생명의 조건 속에서 통찰하는 부처님의 법문은 지금 우리 현실에도 살아 있는 가르침입니다. 두려움을 일으키는 현실적 조건에 대해 성찰하지 못하면 마음공부가 자칫 피상적인 수행이나 옛것을 모방하는 데 그칠 위험이 있습니다.

부처님은 나아가 미래의 행복을 위해 보시를 하더라도 재물이 생겨난 원인에 대해 성찰을 해야 한다고 말씀합니다. 놀랍게도 생명을 괴롭히면서 얻은 재물로 보시를 해서 설사 나라를 편안하게 한다고 해도 그 보시는 죄가 된다고 부처님은 말씀합니다. 폭력과 해침은 다시 두려움을 일으키는 세상을 낳기 때문입니다. 『법구경』에서 가장 많이 나타나는 부처님의 말씀은 폭력과 분노와 두려움에 관한 가르침입니다.

한번 두려움이 마음속에 자리를 잡으면, 자신의 모든 의식과 삶을 규정하기 쉽습니다. 그러므로 두려움과 인색함은 욕망과 현실 속에서 일어나는 생명의 고통을 진지하게 이해할 때 벗어날 수 있는 가능성이 열립니다. 자신을 자연, 달 또는 허공이나 우주법계로 상상하거나 또는 사물의 물리적 법칙을 이해했더라도 두려움과 인색함에서 자유로울 수 없습니다. 이미지나 모방 또는 지식은 해탈을 가져오지 못합니다.

부처님이 선정이나 고행을 하던 스승을 떠난 이유 또한 여기에 있었습니다. 선정과 고행을 주장하고 스스로 행하던 알라라 깔라마, 웃다까 라마풋타 등 부처님의 스승들이 여전히 미움이나 성냄, 교만에서 자유롭지 못한 것을 당신께서 직접 보셨기 때문입니다. 유마거사가 말씀했듯, 번뇌의 바다에 들어갈 때, 즉 두려움과 인색함 등 고통의 본질을 현실 속에서 이해할 때 비로소 해탈에 대한 진지한 염원이 일어날 것입니다.

『간인경』과 같은 초기 경전을 통해 생명의 고통과 욕망의 현실 위에서 수행을 말씀하는 부처님의 가르침을 만날 수 있습니다.

2,500년 전의 노블리스 오블리제

코살라국은 부처님이 살아 계신 당시 북인도의 2대 강대국 중 한 나라입니다. 경전에는 부처님께서 이 나라의 왕 파세나디에게 생명의 소중함을 말씀하는 대목이 많이 나옵니다. 사실 전쟁이 많았던 시대에, 강대국의 왕이라는 의미는 목숨을 빼앗는 살상력이 강한 무기를 지니고, 이유야 어떻든, 전쟁을 통해 빼앗은 땅이 많다는 것을 뜻합니다. 왕 자신은 빼앗은 땅에서 나오는 재물로 그만큼 호화롭게 살았다는 사실이 감추어져 있습니다.

그 왕의 주변 신하들은 어떻게 살았을까요? 당연히 그 전리품을 나누어 호화로운 삶을 살았을 것입니다. 그러나 전쟁을 많이 한 인간이 과연 자신의 주변과 평화롭게 살았을까요? 더구나 왕이 전쟁을 마다하지 않을 정도로 탐욕스러운 인간이라면 그 밑에서 신하 노릇 하기도 쉽지 않았을 것입니다. 그런데 그런 왕 밑에 있는 신하들이 부처님의 제자라면 문제가 다르겠지요.

그들은 왕과 실제로 어떻게 지냈을까? 권력과 부귀의 힘과 유혹 앞에 어떤 삶을 살았을까? 경전을 읽다보면, 이런 의문을 풀어주는 말씀을 만나게 됩니다.

세존께서 석 달 동안 여름 안거를 마치고 다른 지방으로 떠난다는 말이 나돌자, 재가신자들이 인사차 부처님을 찾았습니다. 그 중 한 무리의 신자들이 곧 파세나디왕의 신하들이었습니다.『전업경 田業經』에는 그들이 자기 소개를 하며 부처님과 대화를 하는 장면이 나옵니다. 일부를 옮겨 보겠습니다.

"세존이시여, 저희들은 파세나디왕의 대신들입니다. 파사닉왕이 공원에 들어가실 때에는 저희들로 하여금 큰 코끼리를 타게 하고 왕이 제일 사랑하는 궁녀들을 태우는데, 한 여자는 우리 앞에 타게 하고 한 여자는 우리 뒤에 타게 하고는 우리를 그 가운데 앉게 하십니다. 그리하여 코끼리가 비탈길을 내려올 때엔 앞에 있는 여자는 우리의 목을 끌어안고 뒤에 있는 여자는 우리의 등을 붙잡습니다. 또 반대로 코끼리가 비탈길을 올라갈 때에는 뒤에 있는 여자는 우리의 목을 끌어안고 앞에 있는 여자는 우리의 옷자락을 붙잡습니다. 그리고 저 여러 채녀들은 왕을 즐겁게 하기 위해 비단옷을 입고 온갖 묘한 향을 바르며 영락으로 장엄하고는 우리와 더불어 함께 놀았지만, 항상 세 가지 일을 조심하곤 하였습니다.

첫째는 코끼리를 몰되 바른 길을 잃을까 두려워하는 것이고, 둘째는 제 자신의 마음을 단속하여 물들어 집착할까 두려워하는 것이며, 셋째는 제 자신의 몸을 단속하여 거기 넘어지고 떨어질까 두려워하는 것이었습니다. 세존이시여, 저희들은 그때 왕의 채녀들에 대해 잠깐이라도 바른 사유를 하지 않은 적이 없었습니다."

부처님께서 장자들에게 말씀하셨다.

"훌륭하고, 훌륭합니다. 스스로의 마음을 잘 단속하였습니다."

장자들이 부처님께 말씀드렸다.

"저희들 집에 소유하고 있는 모든 재물을 늘 세존과 모든 비구·비구니·우바새·우바이들과 함께 같이 쓰겠사오며, 내 것이라고 생각하지 않겠습니다."

부처님께서 장자들에게 말씀하셨다.

"훌륭하고, 훌륭합니다. 그대들은 이 코살라국에서 돈과 재물로는 대단한 부자라 그대들과 견줄 이가 없거늘, 저 많은 재물에 대하여 내 것이라고 생각하지 않는군요."

그때 세존께서 그 장자들을 위해 여러 가지로 설법하여 가르쳐 보이시고 기쁘게 해 주신 뒤에, 자리에서 일어나 떠나가셨다.

(『잡아함경』 제31권 860, 동국역경원 번역 참조)

한 나라의 상류층이면서 부처님의 제자로 살아가는 구체적인 모습을 이보다 더 잘 보여주는 경전이 있을까요? 코끼리는 부유하고 권세있는 자만 탈 수 있는 교통수단이었습니다. 신하들이 코끼리를 타고 비탈길을 따라 오르내릴 때, 보석과 향수로 치장한 왕의 여자들이 앞뒤로 붙잡는 모습을 그려보면 우습기도 하지만, 당사자로서는 혼란과 유혹의 시간이었을 것입니다. 만약 마음을 다잡지 못하고 유혹에 떨어지면, 자신의 목숨은 물론 가족마저 처형될 각오를 해야 할 일이었겠지요. 유혹과 위험 속에서도 늘 마음을 잘 살피고 자신의 소유를 사부대중과 함께 나누는 것이야말로 부처님이 칭찬하는 삶임을 이 경전은 보여주고 있습니다.

사람들은 흔히 서양의 훌륭한 전통으로 노블리스 오블리제를 듭니다. 상류층일수록 더 희생과 봉사에 앞장서는 훌륭한 미덕이 곧 노블리스 오블리제입니다. 『전업경』은 2,500여 년 전 큰 나라의 권력층으로서 부처님께 귀의하던 재가자 또한 바로 그런 삶을 살았음을 우리에게 보여주고 있습니다.

그들은 마음공부와 자비행이 둘이 아닌 삶을 살았던 것입니다.

마음 출가

그때에 유마힐 거사가 여러 장자의 아들들에게 말씀했다.
"그대들은 마땅히 바른 법 가운데에 함께 출가하시오. 왜냐하면 부처님이 계신 세상을 만나기 어렵기 때문입니다."
여러 장자의 아들들이 말했다.
"거사님, 우리가 듣기로는, 부처님께서는 부모님께서 듣지 않으시면 출가를 할 수 없다고 말씀하셨다고 합니다."
유마힐거사가 말씀했다.
"그렇습니다. 그러나 지금 그대들이 위없는 올바르고 완전한 깨달음에 마음을 내면, 이것이 곧 출가이며, 이것이 곧 구족계를 받은 것입니다."

그때 서른두 명의 장자의 아들들이 모두 위없는 올바르고 완전한 깨달음(아뇩다라삼먁삼보리)에 마음을 냈습니다.

(『유마힐소설경』 제자품, 박용길 역 참조)

초기 경전을 보면, 부처님은 당신께서 왜 남에게 빌어먹으며 사는지 그 이유를 이렇게 설명하시고 있습니다.

"비구들아, 밥그릇을 들고 빌어먹는 것은 세상 사람들이 가장 경멸하는 생존수단이다. 그러나 수행자가 탁발을 선택한 이유는 왕이 시켜서도 아니고, 강도가 시켜서도 아니고, 빚이 있어서도, 두려워서도, 혹은 다른 생계수단을 잃어서도 아니다.
그러나 태어남, 늙음, 죽음, 우울, 슬픔, 고통, 비탄과 절망에 묶여 있는 고통에서 벗어나기 위해 탁발의 삶을 선택했다."

불교의 깨달음이 어떤 것인지 잘 보여주는 법문입니다. 유마거사는 진정한 출가는 곧 부처님이 얻으신 위없는 올바르고 완전한 깨달음(아뇩다라삼먁삼보리)에 마음을 내는 것이라고 말씀하고 있습니다. 나아가 놀랍게도 이런 마음 출가자 곧 비구가 구족한 계율을 받은 것과 같다고 강조합니다.

출가 승단의 입장에서 본다면 비구가 구족계를 받는 것은 결코 쉬운 일이라고 할 수 없습니다. 출가자라도 청정한 계율과 선정을 잘 닦아야 구족계를 받을 수 있습니다. 이런 상황에서 깨달음에 마음을 낸다면 비록 재가자라도 출가자가 구족계를 받는 것과 같다고 말하는 유마거사의 말씀은 당시로서는 매우 과격한 주장으로 들리지 않았을까요?

이런 놀라운 주장 속에는 종교적 형식이나 수행과정 자체에 가치를 두는 기존 불교의 현실을 비판하는 대승불교의 메시지가 숨어 있습니다. 불교가 세월이 흐름에 따라, 수행은 아무나 할 수 없고, 특정 집단만이 할 수 있는 어려운 것이 되어버린 것은 아닌지요?

재가불자인 유마거사의 설법에는 승속을 막론하고 누구나 부처님의 깨달음에 직접 다가서게 하려는 대승불교의 의지를 읽을 수 있습니다.

물질, 느낌, 지각, 형성, 의식 등 욕망을 일으키는 인간의 모든 조건은 모두 무상無常하여 내가 아니고, 내 것이 없다는 것을 깨닫는 것이 곧 부처님의 가르침입니다. 나아가 성냄과 폭력, 미움, 살생, 주지 않는 것을 빼앗음 등을 삶의 고통으로 받아들이고 그 원인을 살펴나가는 사색과 성찰이 곧 연기법입니다. 부처님은 실상 누구에게나, 천한 사람이나 자식을 잃고 실성을 하여 거리를 떠도는 여자라도, 태어나고 죽음에 대한 당신의 깨달음을 말씀하셨습니다. '나와 나의 것'을 잃은 상실감과 슬픔, 성냄과 증오, 오만과 인색 등 세상의 고통에서 벗어나고자 한다면 누구라도 자리를 함께했던 것입니다.

부처님의 가르침은 이토록 샘물과 같은 것이며 인류의 잠을 깨우는 진리라고 하지 않을 수 없습니다.

무상과 무아의 진리는 누구나 심지어 혼자서라도 스스로 경험하고 깨우칠 수 있는 명료한 진리라고 부처님은 말씀하셨습니다. 그러나 이렇게 이해하고 마시면 될 샘물을, 마시기 전에 입을 닦고 손을 씻는 일에 평생을 보낸다면, 수단 자체가 거꾸로 목적이 되어버린 것이라고 하지 않을 수 없습니다. 스포츠는 준비 운동과 훈련이 필요하며, 또 따로 배울 것이 있습니다. 살면서 저절로 배워지는 것이 아니기 때문입니다.

그러나 삶에는 준비가 따로 없습니다. 우리는 이미 삶 속에서 발을 담그고 있기 때문입니다. 지금 이 자리에서 행복을 요구하고 해탈을 찾는 이유가 여기에 있습니다. 부처님의 가르침이 널리 여러 지역과 세대에 걸쳐 퍼질 수 있는 것은 현실에서 얻을 수 있는 단순함과 명료함이 있기 때문입니다.

까다로운 수행 조건을 만들수록 부처님의 깨달음이 저 멀리 높이 다다르기 힘든 것으로 비쳐질 것입니다. 그러나 이런 권위

만들기는 누구를 위한 일일까요? 대승불교가 일어난 배경에는 기존 교단의 이런 불행한 일이 있었다고 역사와 경전은 전하고 있습니다.

  역사를 보면, 이런 교조화 현상이 불교에만 있었던 것은 아니었습니다. 루터는 누구나 성서를 읽을 수 있도록 독일어로 번역하였지만, 성스러움이 사라진다는 이유로 기존교단으로부터 심한 배척을 받았습니다.

  교리가 어려워지고 교조의 권위가 높아지면, 누가 이익을 볼까요? 과연 그것이 부처님을 존경하고 그분의 뜻을 따르는 길인지, 그리고 내 삶이 진정으로 바뀌는 길인지 돌이켜 물어야 할 것입니다.

  유마거사의 마음 출가 법문은 부처님의 깨달음이 누구에게나 열려 있는 진리임을 우리에게 일깨워주고 있습니다.

법보시와 재보시

육바라밀은 보시(베풂)·지계(계를 지님)·인욕(욕됨을 참음)·정진(선을 일으키고 악을 없애려고 노력함)·선정·반야바라밀(얻을 것이 없는 공에 대한 지혜) 등을 뜻합니다. 바라밀은 완성으로 해석하기도 하지만, 건너간다는 뜻으로 볼 수 있습니다. 따라서 육바라밀은 깨달음으로 이끄는 여섯 가지 길이라고 할 수 있습니다. 그 중 보시바라밀은 베풂을 통해 깨달음으로 건너간다는 뜻입니다. 보시는 육바라밀 중 맨 첫 번째 자리에 있는 만큼 불교에서 매우 강조되고 있습니다. 그만큼 절박하고, 누구나 할 수 있기 때문입니다.

누구나 잘 아는 보시바라밀을 여기서 새삼 말하는 것은, 보시바라밀의 뜻을 밝히고자 하는 것이 아니라 그 현실적 의미를 함께 생각하고 싶어서입니다.

　보시는 일반적으로 법보시, 재보시 그리고 무외보시로 나눕니다. 법보시는 중생에게 법을 설하는 것입니다. 재보시는 문자 그대로 재물을 베푸는 것이고, 무외보시는 괴로움과 슬픔에 처한 사람에게 다정한 위로의 말을 해주거나 길 잃은 사람에게 길을 안내해 주는 등 어려운 사람을 도와주고 그들의 두려움을 없애주는 보시를 말합니다.

　이렇게 셋으로 나누는 것은 보시하는 외적 형태에 의한 것입니다. 일반적으로 이 세 보시 중 법보시가 가장 수승하다고 알려지고 있습니다. 설법이 없으면 부처님이 전하신 가르침을 접할 수가 없기 때문입니다. 그러나 오늘 우리 현실에서 곰곰이 생각해 보면, 자칫 이 분류가 피상적인 이해나 오해를 낳을 위험이 있습니다.

　현대는 복지의 상당한 부분을 종교나 국가가 맡고 있습니다. 불교에서 행하는 재보시는 타종교의 보시와 어떻게 다를까요? 국가가 세금으로 지급하는 복지와 또 어떻게 다를까요?

　현실은 불자에게 불교적인 복지나 보시의 불교적 특성을 사유할 것을 요구하고 있습니다.

　재보시는 법보시와 어떻게 다를까요?

　『유마경』 제4 보살품에 보면 선덕(수달다)에 관한 이야기가 나옵니다. 선덕의 아버지는 대부호로, 스님과 외도의 승려들과 바라문들, 그리고 가난하고 천한 걸인들을 초청해 음식을 보시하였습니다. 경전에서 보여주는 모습으로 판단하면 이 공양은 재보시에 속합니다. 선덕의 아버지가 음식을 공양하고 있을 때, 유마거사가 나타납니다. 유마거사는 이 모임을 보고는 선덕에게 재보시를 하지 말고 법보시를 하라고 충고합니다. 선덕은 유마거사에게 법보시는 어떻게 하느냐고 묻습니다.

대승경전 특히 『유마경』에서 말하는 법보시는 구체적으로 어떻게 하는 것일까?

유마거사의 답변을 간단히 요약하면, 법보시는 그 속에 자·비·희·사(사랑·연민·기쁨·평등한 마음)와 육바라밀 등 부처님의 가르침이 들어 있는 보시입니다. 재보시라도 그 속에 부처님의 가르침이 있으면 법보시라는 것입니다.

유마거사의 설법에 감동한 선덕은 값비싼 목걸이를 벗어 유마거사에게 바칩니다. 몇 번 사양하던 유마거사는 마침내 그 목걸이를 받아서 두 조각을 냅니다. 그래서 반은 여래에게 바치고, 나머지 반은 그 자리에 있던 천하고 가난한 거지에게 나누어줍니다. 그리고 유마거사는 이렇게 설법합니다.

"시주로써 보시를 베푸는 사람은 그 대상이 누구든 반드시 여래에게 직접 보시를 올린다는 생각으로 실천해야 합니다. 마찬가지로 길거리의 모든 거지들에 대해서도 똑같이 복전이라 생각하고 나중에 좋은 과보를 받으리라는 생각 없이 자비로운 마음으로 보시를 베푼다면, 이러한 사람이야말로 완벽하게 법을 보시하는 사람이라고 말할 수 있을 것입니다."

(『유마경』, 박용길 역 참조)

유마경을 한문으로 번역한 구마라즙은 완벽한 법보시를 구족법시具足法施라고 한역했습니다. 유마거사의 가르침을 보면 법보시는 무엇을 보시하든 보시하는 사람의 마음속에 부처님의 가르침이 살아 있는 보시로 이해할 수 있습니다. 음식을 베풀더라도 그것을 상대방에게 줄 때 살아 있는 부처님에게 직접 드리듯 해야 합니다. 마음속에 거지와 부처님의 차이가 있어서는 안 됩니다. 우리가 가난한 사람들에게 베풀 때 정말 부처님에게 대하듯 그렇게 하는지 스스로 물어야 할 것입니다. 복을 짓더라도 과보를 바라는 마음이 없어야 합니다. 이 법문은 우리가 익히 알고 있는 무주상 보시를 말하는 것으로, 무주상 보시는 『금강경』의 핵심이기도 합니다.

이 가르침은 보시를 하는 자가 겸손하고 정직하게 자신이 보시하는 동기를 성찰할 때 받아들일 수 있습니다.

필자가 속해 있는 단체에서는 매주 종로나 을지로 입구에서 노인들과 노숙자들에게 차와 떡을 보시하고 있습니다. 이때 스스로 우리 자신에게 물어야 할 것이 바로 이 유마거사의 가르침이 아닐까 생각합니다.

우리가 거리에 나선 것은 차 한잔 값인 300원이나 500원을 대신하려고 나간 것도 아니요, 커피자판기를 대신하려고 나가는 것도 아닐 것입니다. 삼계도사三界導師 사생자부四生慈父이신 부처님을 직접 대하듯 그들을 대하는지 물어야 할 것이고, 보시를 하면서 장차 과보를 기대하여 마음속에 과거·현재·미래를 일으키고 있는지 살펴야 할 것입니다. 그렇지 않으면 육바라밀의 실천이 도리어 아상이나 법상을 키우는 외도의 법이 될 것이기 때문입니다.

유마거사의 법문은 재가불자의 재보시가 단순히 복지에 머물지 않고 법보시가 되는 길을 열어주고 있습니다. 만약 재가불자가 재보시를 통해 자신의 앞날이나 후생의 복을 비는 데 그쳐야 한다면 자신을 기만하고 스스로를 천하게 만드는 길일 것입니다. 이런 태도는 누구나 깨달으면 부처가 될 수 있다고 가르친 부처님의 가르침을 저버리는 일입니다. 하늘 한 쪽이 무너질 때 기둥을 세워준 유마거사의 은혜가 참으로 큽니다.

중국 선사들의 법문에서도 유마거사의 가르침을 들을 수 있습니다. 『금강경 5가해』에서 야보也父선사는 제7 무득무설분無得無說分을 해석할 때 이렇게 말했습니다.

'바른 사람이 삿된 법을 설하면

삿된 법이 모두 바름으로 돌아오고,
삿된 사람이 바른 법을 설하면
바른 법이 도리어 삿된 법으로 돌아간다.'

법보시는 출가자가 하고, 재보시는 재가자가 하는 것이라고 생각하거나, 법보시와 재보시의 우열을 논하며 둘로 나누어 보는 것은 참된 안목이라고 할 수 없을 것입니다. 누가 무엇을 베풀든 베푸는 자의 마음이 분별을 놓을 때 완전한 법보시가 된다고 유마거사는 가르치고 있습니다. 이럴 때 재보시와 법보시는 둘이 아니게 됩니다. 그러므로 백 번 천 번을 보시해도 한 번도 보시한 적이 없는 도리가 참된 법보시며, 주는 사람도 없고 받은 사람도 없이 주고받는 보시가 올바른 법보시라고 할 수 있습니다.

부처님께 왕이 되어 살생을 막아달라고 청하는 젊은이

앞에서 본 것처럼 부처님이 살던 시기는 약육강식의 전쟁의 시대였습니다. 탐욕이 있으면 남이 주지 않는 것을 빼앗을 마음이나 행위를 일으키기 쉽습니다. 그러나 이 세상 어떤 왕이 부귀의 밑천인 자기 나라를 거저 내줄까요? 탐욕이 일으키는 해악 중 가장 극악한 것이 전쟁입니다.

전쟁에서 가장 먼저 피해를 입는 사람은 전쟁에 내 몰리는 일반 백성들입니다. 이라크에서 죽은 이들은 미국의 일반국민의 아들들입니다. 전쟁이 일어나면 가축도 굶어 죽기 쉽습니다. 전쟁터에 끌려나오는 코끼리도 목숨을 잃습니다.

전쟁은 폭력과 살생, 증오와 미움을 낳습니다. 그리고 사람들의 마음에는 인색함과 무관심이 가득해집니다. 이런 세상에 사신 부처님의 화두 중 하나는 당연히 살생을 막고 폭력과 미움을 가라앉히는 것이었습니다. 그래서 '왕이 되어서도 살생을 하지 않는 길은 없을까?'로 사색에 잠기셨습니다.

부처님은 알다시피 출가하기 전, 왕의 아들이었습니다. 차라리 부처님이 직접 왕이 되면 세상의 고통이 쉽게 사라지지 않을까? 전쟁과 살생을 고민하는 사람이라면 누구나 부처님에게 이렇게 청을 드릴 수 있을 것입니다.

초기 경전인 『잡아함경』 중 작왕경(作王經: 왕이 되는 경)에는 당시 어떻게 하면 왕들이 참다운 도리를 깨달을까 고민하신 부처님과, 엉뚱하게 부처님이 왕이 되기를 바라는 사람들(여기서는 악마 파순으로 묘사되고 있다)의 이야기가 실려 있습니다.

이와 같이 나는 들었다. 어느 때 부처님께서 석주라는 석씨 마을에 계셨다.
그때 세존께서는 혼자서 고요한 곳에서 선정에 들어 '왕이 되어서도 살생하지 않고, 남을 시켜서도 살생하게 하지 않으며, 한결같이 법대로 행하고, 법 아닌 것은 행하지 않을 수 있을까?' 하고 생각하셨다.
그때 악마 파순은 이렇게 생각하였다.
'지금 사문 구담이 석주라는 석씨의 마을에 머물고 있다. 그는 혼자서 선정에 들어 생각하고 있다. 나는 지금 그곳에 가서 그를 위해 설법하리라.' 이렇게 생각한 그는 곧 젊은 사람으로 변화하여 부처님 앞에 서서 이렇게 말했다.

"그렇습니다. 세존이시여, 그렇습니다. 선서善逝시여, 왕이 되어서도 살생하지 않고 남을 시켜 살생하게 하지도 않으며, 한결같이 법대로 행하고 법 아닌 것은 행하지 않을 수 있습니다. 세존께서는 지금 곧 왕이 되소서. 선서善逝께서는 지금 곧 왕이 되소서. 반드시 뜻대로 될 것입니다."

그때 세존께서 '이것은 악마 파순이 나를 교란시키기 위해서 하는 짓이다.'라고 생각하시고, 곧 마왕에게 말씀하셨다.

"너 악마 파순아, 너는 왜 나에게 '왕이 되소서. 세존이시여, 왕이 되소서. 선서시여, 당신의 뜻대로 될 것입니다.'라고 말하느냐?"

악마가 부처님께 말했다.

"저는 부처님으로부터 '4여의족(如意足; 의욕·노력·새김·사유)만 닦아 익히되 많이 닦아 익혀라. 그러고 나면 왕께서 설산雪山을 순금으로 변하게 하고 싶으면 조금도 다름없이 만들 수 있을 것이다.'라는 말을 들었습니다. 세존께서는 지금 4여의족을 닦아 익히되 많이 닦아 익히셨으니, 뜻대로 설산을 순금으로 똑같게 변화시키실 수 있을 것입니다. 그래서 제가 세존께 '왕이 되소서. 세존이시여, 왕이 되소서. 선서시여, 당신의 뜻대로 될 것입니다.'라고 말했던 것입니다.
세존께서 파순에게 말씀하셨다.
"나는 국왕이 되고 싶은 마음이 전혀 없다. 그러니 어떻게 왕이 되겠는가? 나는 또한 설산을 순금으로 변하게 하고 싶은 마음이 전혀 없다. 그런데 어떻게 변하겠는가?"
그때 세존께서 곧 게송으로 말씀하셨다.

설령 여기에 저 설산만한
순금 덩어리가 있다고 하자.
어떤 사람이 그 금을 얻는다 해도
그래도 만족할 줄 모를 것이다.
그러므로 지혜로운 사람은
금과 돌을 동일하게 보느니라.

그러자 악마 파순은 '사문 구담이 벌써 내 마음을 알고 있구나.' 하고, 마음속에 근심 걱정을 품은 채 사라지더니 나타나지 않았다.
(『잡아함경』 제39권 1098, 동국역경원 번역 참조)

부처님은 욕망과 집착을 버리고 번뇌가 사라진 소멸(열반)을 스스로 깨달으셨습니다. 이 진리는 현명한 사람이라면 혼자서도 스스로 깨달을 수 있는 것이지만, 세상 누구도 쉽게 받아들이지 않는 가르침입니다. 지위를 높여주고 소유를 늘여주는 가르침은 환영을 받아도, 욕망을 버리고 남에게 베푸는 가르침은 깨닫기도 실천하기도 힘들기 때문입니다.

『작왕경』에는 흥미롭게도 악마 파순이 부처님께 왕이 되어달라고 청할 때 젊은 사람으로 변화해서 나타납니다. 젊어서는 세상을 바꾸는 빠르고 쉬운 방법으로 개혁이나 혁명을 꿈꾸기 쉽습니다. 경전에 나오는 청년은 부처님이 왕이 되어 세상을 구하는 것이 가장 빨리 세상이 평화로워지는 길이라고 믿고 있습니다. 그러나 부처님은 청년에게 탐욕을 버리고 만족할 줄 아는 지혜로운 사람이 되는 것이 더 중요하다고 대답합니다.

지금도 체제나 조직을 바꾸면 사회의 여러 문제가 해결된다고 생각하는 사람들이 많습니다. 그러나 동유럽이나 소련에서 이미 보았듯, 계급평등을 추구하는 정치는 실패했습니다. 지난 40~50년 동안 우리 사회는 좌우체제의 갈등 속에 많은 청년들이 아까운 목숨을 잃었습니다. 육이오 전쟁이 일어난 후, 가난과 혈연이 무너지는 고통 속에서 대상이 모호한 증오가 사람들의 마음속에 자리를 잡았습니다. 생중계를 통해 국회에서 일어나는 일을 보면 참으로 민망합니다. 정치가들이 보여주는 언행을 보면 여야를 막론하고 과연 이 사람들이 인간에 대한 사랑을 가지고 있는지 의심을 하지 않을 수 없습니다. 더욱 놀라운 것은 이들이 한결같이 나라와 민족의 앞날을 걱정한다고 말하고 있다는 점입니다.

지금 우리 사회는 논쟁의 대상을 적으로 보는 증오가 자리잡고 있습니다. 상대방에 대해 증오·비방·모략을 쓰면서도 이기기만 하면 된다고 생각합니다. 자기주장의 당위성이나 합리성을 외치는 일은 많아도 남의 말을 경청하는 너그러움은 없습니다. 지식은 높아도 자비와 마음의 평화가 없습니다. 욕망대로 사는 것을 방치하고 정당화하는 체제 또한 말할 것도 없이 문제가 많습니다.

금과 돌을 둘 아닌 하나로 볼 수 있는 것은 금에 대한 탐욕을 버릴 때 가능합니다. 아무리 좋은 체제나 이념이라도 집착이 일어나면 독선적이 되거나 폭력적으로 세상을 바꾸고 싶은 욕망에 빠지기 쉽습니다. 부처님은 탐욕을 버리는 이 길이 곧 세상을 바꾸는 길임을 깨닫고 스스로 그 어려운 길을 걸으신 분입니다. 『작왕경』에 나오는 부처님의 말씀은 우리 사회가 안고 있는 갈등에 새로운 길을 보여주고 있다고 하겠습니다.

넷째 마당

수행 한담

마장

필자는 젊었을 때 신선도神仙道를 닦은 적이 있었다. 고등학교 때 가까운 친구의 아버님이 신선도에 아주 밝은 분이었는데, 그 친구 집에 자주 출입하다 보니 자연스럽게 친구 아버님의 가르침을 접하게 되었던 것이다.

친구 아버님은 그래서 나의 첫 스승이 되었다. 난생 처음으로 음양오행陰陽五行, 태극 등 동양철학의 이치를 배웠다. 선생님은 모든 것이 음양陰陽이며 한 기운―氣인지라 너와 내가 둘이 아닌 불피차不彼此를 강조하셨다. 그리고 예부터 내려오는 도술道術의 세계와 도인들의 여러 신통력에 대해 가르쳐 주셨다. 당시 갓 대학에 들어간 나에게는 선생님의 모든 말씀이 세상의 유일한 진리로 여겨졌다. 선생님은 정신통일을 귀중하게 여기셨다. 정신을 통일하여 도를 통하면 위로는 천문天文과 아래로는 지리地理에 통달하고 사람의 일에 밝게 된다고 했다.

나는 그 선생님의 가르침에 따라 100일 기도를 하게 되었다. 매일 밤 11시에 산에 올라가 약수를 마신 뒤『노자 도덕경』을 주문처럼 외웠다. 그때는 통행금지가 있었던 때라 자정 전에는 산에서 내려와야 했다. 100일 동안 이렇게 밤에 산에 다녀왔는데 그동안은 술이나 담배 또는 육식을 삼가야 했다. 백일기도를 하는 동안 무슨 일이 없어야 무사히 다 마칠 수 있으니 그동안은 여러 가지로 조심을 해야 했다.

기도를 하는 동안 기도를 방해하는 갖가지 일이 일어나는데 이것을 마장魔障이라고 한다. 마장에는 여러 가지가 있다. 갑자기 이상한 일이 일어나 일정이 흔들리기도 하고, 때로는 부질없는 잡념이 일어나 갑자기 하기 싫은 생각이 일어나며, 또 헛것이 보이기도 하고 졸음이 쏟아지기도 한다. 100일을 다 마치기 바로 하루 전에 마장이 일어나 끝내 공을 이루지 못하는 일이 옛 이야기에도 많이 나오는 것을 볼 수 있다. 선생님께서는 그 마장을 이겨내야 한다고 강조하셨다. 그래서 평소에『노자 도덕경』을 부지런히 읽기도 했고, 또 산에서 오르내릴 때에 일어나는 잡념을 없애기 위해 선생님이 가르쳐주신 불피차不彼此의 뜻을 새기기도 했다. 불피차는 피차, 즉 상대와 내가 둘이 아니라는 뜻이다. 밤길을 걸으면 때로는 무서움이 일어나기도 했는데 그럴 때마다 기합소리를 내며 기운을 모으거나 단전호흡을 했다. 이외에 두 달에 한 번 오는 경신일에 잠을 자지 않고 날을 새기도 하고, 새벽 일찍 산에 올라가 막 떠오르는 태양을 응시하는 수행을 하기도 했다.

그러던 중 대구 동화사 양진암에 있을 때 우연히 경봉스님의 불이법문不二法門을 듣게 되었다. 나로서는 선생님이 말씀하는 불피차와 같은 이치가 불교에도 있는 것이 의아하게 느껴졌다. 그래서 틈틈이 암자에 있는 불경을 읽으며 처음으로 불교의 가르침에 접하게 되었다.

그 후 1973년 여름 방학 때, 울진 불영사佛影寺에서 고전읽기모임 회원들과 독서와 토론으로 보름간 지내게 되었다. 그때만 해도 불영사는 지금처럼 알려지기 전이라 조용하고 인적이 드문 절이었다. 절에는 비구니 스님 몇 분이 계셨는데, 당시 주지스님인 일휴스님은 엄하면서도 매우 자상하신 분이었다.

어느 날 저녁에 일휴스님을 모시고 법문을 들었다. 스님께서는 혜능대사와 신수대사의 이야기와 게송을 들려주셨는데, "본래 한 물건도 없는데 어디에 먼지가 끼겠는가?"라는 혜능대사의 게송이 인상적으로 들렸다. 그날 밤 필자는 꿈을 꾸게 되었다. 꿈속에서 절 주위를 걷고 있는데 어둠 저편에 머리를 산발한 송장 같은 귀신이 다가오고 있는 것이 보였다. 호흡을 가다듬으며 고함을 지르며 그 귀신을 쫓았다. 그러나 그 귀신은 사라지지 않았다. 당황한 필자는 여러 번 기합을 질렀으나 귀신은 없어지지 않고 점점 가까이 다가왔다. 그동안 나름대로 닦은 여러 수련이 더 이상 효과가 없는지라 당황이 되어 어쩔 줄을 몰랐다. 그때 옆에 일휴스님이 보였다. 다급한 나머지 스님에게 이 귀신을 없애 달라고 매달리게 되었다. 그러자 일휴스님은 "한 물건도 없는데 누구를 없애며 무엇을 쫓아내는가?"라고 말씀하시는 것이 아닌가? 그 말씀을 듣는 순간 앞에 있는 모든 것이 무너지며 꿈에서 깨어났다. 모두 자고 있는 새벽이라 사방이 고요한데 바람에 떠는 문풍지 소리가 가슴을 쓸고 지나갔다.

  그대로 앉아 있다가 새벽 예불이 끝나는 대로 일휴스님을 찾아뵙고 간밤의 꿈을 말씀드렸다. 스님은 나를 격려해 주시며 지금에 머물지 말고 앞으로 불법佛法에 정진할 것을 권하셨다. 필자 또한 육조대사의 한 마디가 그동안 닦은 선도의 수련보다 높은 그 무엇이 있음을 승복하게 되어 스님의 당부를 명심하게 되었다. 이런 인연으로 필자는 신선도 수행을 그만두고 불교공부에 뜻을 두게 되었다.

  그 후 필자는 살아오면서 마장에 대한 생각이 달라졌다. 마장을 우리의 구체적 현실 속에서 보게 되었다. 마장은 단순히 수행 중에 일어나는 헛것만 뜻하는 것이 아니라 자기 마음속에 있는 여러 아상我相이나 진리를 닦았다는 법상法相이 커다란 마장임을 배우게 되었다. 어려운 사람을 도울 때 내가 돕는다는 생각을 내면 도움을 받는 사람은 오히려 상처를 입게 된다. 수행을 하는 사람이 수행의 높고 낮음을 따지거나 높은 자리를 구하면 수행이 오히려 분란과 불화를 가져온다. 나와 내 것을 구하는 것이 곧 마장임을 깨달을 때 탐욕과 성냄의 길을 걷지 않고 자비의 길을 걸을 수 있다고 생각한다. 신선도에서처럼 자기가 어떤 능력을 얻기 위해 마장을 없애는 것이 아니라, 구하거나 구하는 것을 방해하는 마장이 모두 망념妄念임을 깨닫는 것이 곧 부처님과 조사들의 가르침이라고 생각한다. 마장도 결국 마장을 보는 마음에 달려 있다고 하겠다.

그거 다 말마디다

필자는 대학에 다닐 때 불교를 접했다. 방학이면 주로 울진 불영사에서 경전을 읽었고, 대구 동화사 양진암에 있을 때는 경봉스님의 법문을 듣기도 했다. 그러다 중간에 휴학을 하고는 한 학기 동안 동국대학교 불교학과의 강의를 들었다. 지금으로 말하면 도강인 셈이다. 그 후 졸업을 하고 취직을 했다. 그러나 항상 어떤 답답함이 마음 한 구석에 남아 있었다. 그동안 공부한 것과 현실의 접점이 없었고, 불교적인 삶이라는 것이 구체적으로 다가오지 않았다.

1년 반 동안 직장생활을 했을 무렵, 어느 날 한 선배가 찾아왔다. 자연스럽게 불교에 관해 대화를 하게 되었는데 서로 주장하는 것이 달랐다. 헤어질 때, 그 선배가 대뜸 "너는 그렇게 불교를 잘 알고 있으니 번뇌가 없겠다."라고 하였다. 이 말에 나는 참담함을 느꼈다. 곧 회사에 사표를 내고 그 선배가 공부하는 곳을 따라갔다.

　선배가 공부하고 있는 곳은 부산에 있는 보림선원이었다. 보림선원은 백봉 김기추 선생님께서 계신 곳이었는데, 일반 재가불자들이 선생님을 모시고 『금강경』, 『유마경』, 『선문염송』 등을 배우고 있었다. 부산에 연고가 없는 나는 선원에서 숙식을 하였다. 덕분에 1년 반 가까이 백봉 선생님을 곁에서 모시면서 가르침을 받을 수 있었다.
　선생님은 아침저녁으로 법문을 하셨다. 배우는 사람들 중에는 나이 많은 보살님들도 꽤 있었다. 지금도 가족에게 저녁상을 차려주고는 선원에 와서 고요히 참선에 잠기던 보살님들의 모습이 눈에 선하다. 나이 든 보살님들 중에는 한글을 겨우 아는 분도 여럿 있었는데, 언제나 자비롭고 겸손하셨다. 필자는 그때 수행이 지식을 쌓는 것과는 다르다는 것을 마음속으로 수긍하게 되었다.

　신도들이 대부분 가정과 직장이 있는 사람들이라 낮에는 단출하게 선원 식구 몇 명이 선생님과 함께 점심을 먹었다. 밥을 먹다가는 선생님께서 갑자기 "김 군, 이 밥맛이 어디서 나노?" 또는 "허공에 어떻게 방석을 까는가?"라고 물으시는데 등골이 서늘함을 느꼈다. 선생님의 질문이 마치 화살같이 내 목을 찌르는 것 같았다.

한 번은 선생님을 모시고 치과에 갔다 오는 길이었다. 선생님께서 갑자기 하늘을 가리키며 '왜 하늘에 있는 달과 별이 지구로 떨어지지 않고 허공에 둥둥 떠 있느냐'고 물으셨다. 내가 '만유인력이 있기 때문입니다'라고 막 입을 열려는데, 선생님께서 만유인력이 답이 아니니, 만유인력의 앞 소식을 알아야 한다고 말씀하셨다. 지구와 달 사이의 만유인력 외에는 한 번도 생각해보지 않은 나는 머리가 막막하기만 하였다.

백봉 선생님은 이렇게 일상생활 속에서 불쑥 화두를 던지시곤 하였다. 그리고 학인들이 답을 할 때 옛 조사들의 말을 흉내 내거나 뜻풀이 하는 것을 아주 싫어하셨다. 틀려도 좋으니 자신의 살림살이를 가지라고 강조하셨다.

한 일년 쯤 지났을 때, 어떤 인연으로 선생님은 선원에 있던 대중을 모아 놓고 내가 이제는 혼자 공부할 만하다고 말씀하셨다. 나 또한 선생님 곁에서 법문을 아침저녁으로 일년 가까이 들었던 터라 선생님의 가르침에 아주 익숙해져 있었다.

그날 저녁 혼자서 선방에서 참선을 하고 있는데 선생님께서 불쑥 들어오셨다. 그리고는 대뜸 보림삼관寶林三關에 나오는 화두를 하나하나 들면서 뜻을 물으셨다. 보림삼관은 선생님께서 제창하신 세 가지 화두인데, 선생님께서 스스로 물으시고 답을 붙인 것이다. 내용은 다음과 같다.

제1관: 不去不來處에 生者何物 滅者何物인고?

自答: 泰山刮目來 綠水掩耳去

제2관: 心外無法處에 迷者何物 悟者何物인가?

自答: 古路草自靑 正邪俱不用

제3관: 人我皆空處에 說者何物 聽者何物인가?

自答: 若論今日事 忽忘舊時人

가고 옴이 없는 곳에 산 자는 무엇이며 죽는 자는 무엇인고?
태산이 눈을 부릅떠서 오니, 녹수는 귀를 가리고 가누나.

마음 밖에 법 없는데 미한 자는 무엇이며 깨친 자는 무엇인가?
옛길에 풀은 스스로가 푸르르니, 바름과 삿됨을 아울러 아니 쓰네.

너와 내가 비었는데 말하는 자는 무엇이며 듣는 자는 무엇인가?
만약 오늘 일을 논의하면, 문득 옛 때 사람을 잊으리.

나는 선생님에게서 배운 대로 답을 하였다. 그러자 선생님께서는 아니라고 말씀하셨다. 그래서 나는 그동안 공부한 힘을 다해 다시 서너 차례 답을 올렸다. 그러나 선생님께서는 모두 아니라고 고개를 저으셨다. 조금 전까지만 해도 대중들 앞에서 혼자 공부할 만하다고 말씀하고서는 지금 와서 모두 틀렸다고 하니 나는 믿었던 땅이 무너져 내리는 것 같았다. 더구나 내가 올린 답은 경전에 나오기도 하거니와 선생님께서 늘 말씀하시던 것이 아닌가?

나는 따지듯이 물었다. "그럼 지금까지 말씀하신 허공이나 성품은 다 뭡니까?" 그러자 선생님께서 말씀하셨다. "그거 다 말마디다." 나는 선생님의 대답에 너무 놀라 몸이 위로 떴다가 다시 밑으로 떨어지는 것 같았다. 멍청하게 있던 나는 선생님의 호탕한 웃음소리가 머리 위로 떨어지자 그제야 정신이 나는 것 같았다. 그 순간 뜻풀이나 문자로 깨달음을 구하는 나 자신의 모습을 보게 되었다.

벌써 25년 전 일이지만, 그 후 살아올수록 쉬고 놓는 공부에 그 이상의 깊은 뜻이 있음을 느끼게 된다. 자신이 얻은 것마저 내려놓아야 한다는 가르침은 지금도 어려움이 있을 때마다 가슴에 새기는 삶의 나침반이 되고 있다.

홍 거사님께

 보내주신 순치황제의 출가시를 보니 새삼 옛날 생각이 나네요.

제가 보림선원에 입주해 있던 78년도일 겁니다. 그때 대인화 보살님 댁에 한문으로 적혀 있는 순치황제 출가시 족자가 있었어요. 한문을 잘 모르시는 대인화 보살님이 그 뜻을 알고 싶어 하셔서, 제가 한 번 대혜승 보살님 등 몇몇 보살님들이 계신 자리에서 순치황제 출가시를 번역하여 설명해 드렸어요. 그런데 이게 웬일입니까? 아마 그 소문이 백봉 선생님 귀에 들어갔던 모양인데, 선생님께서 화를 내시며 저를 부른다는 거였어요.

과연 선생님 방에 들어가 보니, 선생님께서 큰 몽둥이를 들고 앉아 계셨습니다.

"네가 어찌 아직 소견도 안 난 사람이 함부로 문자에 분별을 내느냐?"

"선생님, 저는 그저 한문 번역을 하는 정도였습니다."

"번역도 소견이 나야 제대로 하는 법이다."

"네가 막위아손 작마우莫爲兒孫 作馬牛를 '자식과 손자를 위하여 소 말 노릇 하지 마오'라고 번역했다며?"

"예, 그랬습니다. 한문 문법상 그렇게 번역합니다."

"김 군, 그것은 자식과 손자를 위해 일하다가 다음 생에 소나 말이 되지 말라는 뜻이다."

"선생님, 그러나 문법상으로 따지면 제가 한 번역이 맞습니다." 말하다 슬쩍 쳐다보니, 선생님께서 그 몽둥이를 슬슬 쓰다듬고 계시는 게 보였어요. 순간 저와 눈이 마주 쳤습니다. 속으로 침이 꿀꺽 넘어갔어요.

"김 군, 네가 소견이 나야 이 뜻을 알게 된다. 가 보아라."

저는 선생님께서 화를 내시면 몽둥이도 불사한다는 말씀을 들은 터라, 안 맞고 나오게 된 것이 용하게 생각되었습니다. 나중에 들으니, 도반들은 모두 제가 엄청 맞고 나온 걸로 알고 있었어요.

홍 거사님, 제 번역이 맞지요? 사실 지금 생각하면, 선생님께서 제가 가지고 있는 문자에 대한 집착을 깨 주시려고 방편으로 그러셨다는 것을 짐작하게 됩니다. 저는 그때 철 없는 마음에 너무 억울하여 무위당 선생님께 제 사연을 말씀 드렸어요. 한학의 대가이신 무위당 선생님도 역시 제 해석이 옳다고 하시면서 백봉 선생님의 지적에 고개를 갸우뚱하셨습니다. 저나 무위당 선생님 모두 잘못 짚었던 게지요. 새삼 옛날 생각이 나서, 그때를 그리며 이렇게 편지를 씁니다.

무위당 이원세 선생님

1978년 쯤 필자가 부산 남천동 보림선원에서 백봉 김기추 선생님 문하에 있었을 때 일이다. 공부가 깊어 보이는 한 노 거사님이 선생님을 찾았다. 마침 필자가 당시 백봉 선생님을 모시고 있어서 방으로 안내를 했다. 나중에 알고 보니 그분은 퇴계 선생의 후손이며, 영남에서 유학과 명의로 이름이 높았던 무위당無爲堂 이원세李元世 선생이었다. 70세가 넘어 보이는 무위당 선생은 첫 인상이 흡사 도골선풍의 학과 같았다.

무위당 선생님은 주인인 백봉 선생님과 수인사를 나눈 뒤, 먼저 말을 꺼냈다.

"만물은 모두 오행으로 이루어져 있습니다. 오행은 음양에서 나왔으며, 음양은 태극에서 나왔고, 태극은 다시 무극無極에서 나왔습니다. 만물은 다 이 무극에서 나왔으니 이 지극한 무극이 야말로 만물의 처음〔物之初〕입니다. 유가儒家에서 말하는 이 무극이 곧 우주의 근본이며, 불교의 자성自性입니다."

이렇게 말한 무위당 선생은 백봉 선생의 얼굴을 찬찬히 살폈다. 그러자 백봉 선생이 대답했다.

"무극의 앞 소식을 확실히 깨달아 알아야 합니다. 그렇지 않으면 모두 말마디에 지나지 않을 뿐입니다."

당시 이미 칠십 노인이시며 당대에 이름난 유학자이자 한의사인 무위당 선생은 백봉 선생님의 이 한마디 말에 승복하고 보림선원에 입주했다. 그때 무위당 선생은 당신의 방에다 이런 글을 붙이고 집에서 나오셨다고 한다.

"내 성품을 보지 않고서는, 이 방에 들어오지 않겠다.〔不見自性 不入此房〕"

이런 인연으로 필자는 무위당 선생님과 보림선원 동창(?)이 되어 친하게 지내게 되었다. 그 후 필자는 무위당 선생님 댁을 자주 들렀는데, 그때 선생의 방문에 위의 글이 실제로 붙어 있는 것을 볼 수 있었다. 무위당 선생은 구한 말 당대 대학자 석곡 선생에게서 한의학을 공부하신 분이었다. 그 후 무위당 선생은 여러 스님들이나 거사들에게서 도학과 불교를 배우거나 함께 교류했는데, 늘 마음속에 편치 않은 구석이 있었다고 한다. 그래서 더 늙어 죽기 전에 이 혼동을 끊을 요량으로 견성을 했다고 소문이 나 있는 백봉 선생을 찾았다고 한다. 선생은 필자에게 백봉 선생님처럼 확신에 차 설법하는 분은 일찍이 보지 못했다고 말씀하기도 했다.

무위당 선생님은 필자와는 거의 50년 가까운 나이차가 있었지만, 늘 필자를 도반으로 대우하고 아껴주셨다. 선생은 공맹孔孟과 노장 老莊을 좋아하셔서 필자와 많은 대화를 나누었다. 선생은 담배를 즐기셨는데, 함께 방에서 대화를 나누다 선생이 담배를 피시면, 필자도 밖에 나가 담배를 피우고 들어오곤 했다. 선생님은 이런 사실을 아시고는 시간이 아까우니 앞으로 함께 피자고 강권(?)하셨다. 그 후로 필자는 감히 무위당 선생님과 담배를 함께 피우게 되었다. 지금 생각하면 손자뻘 되는 필자를 아껴주신 선생님의 도량과 은혜에 머리가 숙여질 따름이다.

우리는 선원에 있는 대중 방에서 함께 먹고 자고 참선을 했다. 70이 넘은 무위당 선생님은 늘 젊은 대중들과 함께 기거하셨다. 백봉 선생님은 우리에게 너무 편하게 공부한다고 서서 밥을 먹게 하신 적이 있었다. 그때도 무위당 선생님은 묵묵히 따라 하셨다. 무위당 선생님은 참선하다 허리가 아프면 앉은 채로 엎드려서 참선을 하셨다. 그의 공부하는 모습을 본 젊은 우리는 더욱 분발심을 갖게 되었다. 선생님의 서재에는 『금강경 3가해』와 여러 조사어

록의 필사본이 있었는데, 이 책들은 선생께서 젊어서 스스로 필사를
하며 공부한 자취들이었다. 선생님은 『선문촬요』를 즐겨 읽으시곤
했다.

한 번은 필자가 심한 몸살감기에 걸린 적이 있었다. 거의 한
달을 앓았던 것으로 기억한다. 처음에는 대수롭지 않게 여기다
점점 기침이 심해지고 잠을 잘 수가 없게 되었다. 그때 한의원을
하시는 무위당 선생님께서 부르셨다. 찾아가 뵈니 이미 약을 지으러
온 사람 여럿이 방안에 앉아 있었다. 그런데 다른 사람들은 모두
흰 종이에 약을 싸주면서 필자에게는 신문지에 약을 싸주시는
것이 아닌가! 필자가 약값을 내는 손님이 아님을 둘러서 표현하신
것이다. 필자는 무위당 선생님의 말없는 배려에 큰 가르침을 얻었
다. 필자가 선원에서 잘 지낼 수 있었던 것은 모두 심덕이 깊은
여러 어른들의 은혜와 배려가 있었기 때문이었다.

그 후 필자는 무위당 선생님과 여러 번 편지로 대화를 나누었다.
한 번은 선생님께서 편지에 게송을 써 보내셨다.

攝心成靜念雖定
實非眞性本淸靜
悅見眞性本來定
始覺性非攝定靜

마음 거두어 고요함을 이루매 생각이 비록 가라앉아도
진실로 참 성품의 본래 맑고 고요함은 아니로다.
참 성품이 본래부터 가라앉았음을 멍하니 보고는
비로소 성품은 거두거나 가라앉히는 것이 아님을 알았네.
(필자 역)

무위당 선생님과 백봉 선생님은 당신들께서 살아오신 여정을 보면 여러 모로 서로 다른 점이 많다. 무위당 선생님은 평생을 유학과 노장과 불교를 공부하신 분인데 비해, 백봉 선생님은 나이 50을 넘어서 불교공부를 시작하신 분이다. 생업으로 보면, 무위당 선생은 구한 말에 의학을 공부한 정통 한의사지만, 백봉 선생은 젊어서는 항일운동을 하다 만주에 계셨고, 해방 이후에는 사업을 하거나 국회의원에도 출마한 경험이 있는 분이다. 나이는 무위당 선생님이 1905년생으로 백봉 선생님보다 세 살 위이다. 무위당 선생님 곁에 있으면 누구라도 선생에게서 온화한 도학자와 같은 느낌을 받게 된다. 이에 반해 백봉 선생님 곁에서 필자는 한 번도 노인과 함께 있다는 느낌을 가져 본 적이 없었다. 백봉 선생님은 늘 펄펄 끓는 용광로와 같은 분이었다. 이런 차이는 필자 외에도 여러 다른 도반들이 다 공감하는 점이었다.

무위당 선생님은 그 뒤 공부를 이루신 후 스승 백봉 선생님에게서 삼무三無라는 법명을 받으셨다. 그 후 부산에서 심학心學과 한의학을 후학들에게 전하시다 2001년 8월, 96세를 일기로 열반에 드셨다. 다행히 필자는 선생님이 돌아가시는 날 부산에 내려가 임종에 참여할 수 있었다. 부산에는 소문학회라는 한의학을 공부하는 모임이 있는데, 이분들이 모시는 스승이 곧 무위당 이원세 선생이시다.

필자는 무위당 선생님을 뵐 때마다 마치 살아 있는 옛 선비를 직접 대하는 것 같았다. 선생과 유불선儒佛仙을 함께 토론하던 때가 그립다. 다음은 선생님의 49재 때 선생님의 영전에 올린 시다.

무위당에 이르는 길 험하기도 하구나.
유불선이 어울려도 다투지 않았네.
하루아침 수레를 거두어 반쪽 바퀴 남겼으니
아지 못해라 세 성인은 어디에 곡을 할까.

無爲堂前路頭險
三家之業混不與
一朝收車遺半輪
不知三聖哭何處

포대화상 개뼈다귀를 팔다

 포대화상은 당나라 명주 봉화현 사람이다. 본래의 법명은 계차契此인데, 뜻은 이 한 도리에 계합했다는 뜻이다. 스님의 이미지는 한 마디로 뚱뚱한 몸집에 웃는 얼굴이다. 배는 둥글게 늘어져 보는 이에게 편안함과 친근감을 준다.

늘 지팡이 끝에다 커다란 자루를 메고 다녔는데, 그 자루에 별별 것이 다 들어 있어서 사람들이 포대화상이라고 불렀다고 한다. 스님은 포대에서 과자를 꺼내어 아이들에게 주기도 했다. 무엇이든 주는 대로 받아먹고, 땅과 하늘을 방바닥과 지붕 삼아 천하를 주유하였다.

포대화상은 개뼈다귀로 가득한 자루를 지고 다녔다. 그는 이 마을 저 마을 자루를 지고 다니면서 "개뼈다귀 사시오. 개뼈다귀

사시오." 외치며 다녔다. 개뼈다귀를 삼키면 목에 걸려 넘기지 못한다. 토하다 보면 결국 힘이 다해 먹은 사람이 도리어 큰 해를 입는다. 이렇게 개뼈다귀는 아무 쓸모가 없는 쓰레기와 같다. 그래서 사람들은 그를 미친 사람으로 취급했다. 그러나 이 말에 불교의 가장 중요한 메시지가 숨어 있다고 할 수 있다. 『금강경』 전체를 관통하는 뜻이 여기에 있다고 해도 과언이 아니다.

이 세상에 그 누가 개뼈다귀를 사겠는가? 그러나 사람들은 개뼈다귀를 파는 사람을 비웃을 줄 알면서도 정작 자신이 바로 그 개뼈다귀를 사는 사람인 줄 알지 못한다.

일찍이 달마대사가 양무제에게 대답한 말에도 이 뜻이 들어 있었다. 양무제는 생전에 많은 탑을 짓고 손수 불경을 강의한 왕이었다. 그래서 당시 사람들이 그를 불심천자佛心天子라고 불렀다.

그런 그가 달마대사를 만났다. 역사적으로 따지면, 두 사람은 서로 다른 시대를 살았으므로 만날 수 없다. 그러므로 이 이야기는 그냥 수행을 위해 전해지는 말로 보아야 한다.

"짐이 그 동안 절과 탑을 수없이 지었는데, 그 불사의 공덕이 얼마나 되겠소?"
"조금도 없습니다."
"…… 이렇게 말하는 당신은 도대체 누구요?"

"모릅니다."

 양무제가 그토록 수없이 행한 불사는 해탈을 위한 수행인가, 아니면 자신의 욕망의 확장인가? 불법이 도리어 양무제에게 개뼈다귀가 되고 있는 것은 아닌가? 그러나 자신이 독실한 불자라고 믿는 양무제는 달마대사의 말을 받아들일 수 없었다. 양무제의 말을 들은 달마대사는 아직 그의 법을 펼 때가 아니라고 생각해 숭산 소림사에 몸을 감추었다.

 포대화상은 사람들에게 개뼈다귀를 사라고 외쳤으나, 세상에는 그 말뜻을 아는 이가 드물었다.
 다음은 옛 사람이 포대화상을 노래한 시이다.

一鉢千家飯　　바릿대 하나로 천 집에 밥을 빌고
孤身萬里遊　　외로운 몸으로 만 리를 노니네.
靑目覩人小　　포대의 푸른 눈을 아는 이가 적으니
問路白雲頭　　일없이 흰 구름에게 갈 길을 묻는구나.

 깨달음을 얻기 위해서는 불법을 배우지 않을 수 없으나, 불법을 배우면 도리어 불법이 개뼈다귀가 될 근심이 있다. 그렇다면 장애 없이 불법을 배울 수는 없을까? 목에 걸리지 않고 개뼈다귀를 삼키는 방법은 없을까? 감흥이 없지 않아 스스로 평을 붙인다.

하늘을 이불 삼고
땅을 요로 삼았네.
포대 속에 감추어든 개뼈다귀
배고픈 까마귀만 뒤를 따르네.

혀를 대기 전에 맛을 보고
입을 열기 전에 삼킨다.
우습다!
반쪽 떡을 먹으면서 항아리 물을 찾는구나!

조주 선사의 상다리

한 스님이 조주 선사에게 물었다.
"조사가 서쪽에서 온 뜻이 무엇입니까?"
"상다리〔床脚〕이다."
"그게 바로 그 뜻입니까?"
"그렇다면 빼 가지고 가거라."

(『조주록』)

한 스님이 조주 선사에게 조사가 서쪽에서 온 뜻이 무어냐고 묻는다. "조사가 서쪽에서 온 뜻"을 묻는 질문은 구체적으로 달마 대사가 인도에서 동쪽 중국에 온 이유가 무엇인가라는 물음이다. 사료에 의하면, 달마 대사는 A.D. 520년경 중국에 들어와 북위의 낙양 소림사에서 9년간 면벽좌선을 하였다고 한다. 불교가 중국에 들어온 때는 학자에 따라 여러 설이 있으나, 대략 후한 명제, 즉 A.D. 58~75 이전이라고 추정한다. 따라서 520년경은 불교 역사에서 본다면 중국에 불교가 들어온 지 이미 450여 년이 넘은 때이다. 그로부터 80여 년 뒤에 태어난 현장법사(602?~664)는 당대 여러 법사들에게서 『열반경』·『구사론』·『성실론』 등 대소승 경전을 배웠다. 그러나 이들의 이론이 서로 모순되고 일관성이 없음을 깨닫고, 직접 인도에 다녀왔다.

역사를 통하여 우리는 그 당시 수행자들의 화두가 무엇인지 짐작할 수 있다. 불교가 중국에 전해진 지 450년, 불교가 발달한 중국에 왜 달마 대사가 왔을까? 곧바로 마음을 가리키고 성품을 보아 깨달음을 얻는〔直指人心 見性成佛〕달마 대사의 가르침이 왜 필요했을까?

역사적 실재 여부를 불문하고, 달마 대사를 초조로 하는 선불교는 이미 450여 년 이상 뿌리를 내리고 있는 기존 불교에 대한 새로운 수행운동임을 짐작할 수 있다. 이들은 종파적인 주장이 담겨져 있는 대소승 경전을 넘어 부처님의 궁극적인 깨달음이 무엇인지 물었다. 조사가 서쪽에서 온 뜻을 묻는 것은 그래서 곧 마음이 무엇인지 또는 궁극의 깨달음이 무엇인지 묻는 것과 같다.

조주 선사는 벽암록 108칙 화두 중에서 가장 많이 등장하는 스님이다. 사람들은 조주 땅에 사는 옛 부처〔趙州古佛〕라고 불렀다. '부처님이 얻은 깨달음이 과연 궁극적으로 무엇이냐'고 묻자, 조주 선사는 대뜸 '상다리'라고 답한다. 묻는 이가 깨달음이 그런 것이냐고 묻자, 조주 선사는 상다리를 빼가라고 말씀했다.

깨달음은 내가 얻을 수 있는 성질의 것일까?

우리가 얻는다고 말할 때 얻는다는 것은 무엇을 뜻할까?

깨달음을 얻거나 깨달음을 얻기 위해 수행한다는 생각은 과연 성찰된 생각일까? 아니면, 무의식적인 사고의 결과일까?

깨달음을 얻는다는 말이 무의식적인 사고의 결과라면, 그 사고 속에는 무엇이 있으며, 그런 생각은 세속적인 삶의 어떤 면이 반영된 사고일까?

B.C. 4세기경에 살았던 도가의 사상가인 장자莊子도 비슷한 문제의식을 가지고 있었다.

그는 도를 얻는다는 사고 속에 감추어진 것이 무엇인지 물었다. 전국시대 왕들은 전쟁 속에 살아남기 위해 현자들에게 도를 물었다. 당시 왕들이 절박하게 원하는 것은 사직이 강해지고 천하를 얻을 수 있는 방책이었다. 따라서 내가 도를 얻는다는 것은 내가 강해지는 방법을 얻는 것을 뜻했다. 천하를 얻는 것은 결국 내가 강해지는 것의 외적 확장이다. 그러나 현자를 찾는 왕은 자신의 물음을 왕으로서 천하를 구하려는 윤리적 판단이라고 여겼다. 학자들은 전쟁에 이기고 백성을 효율적으로 관리하는 길을 학문으로 제시했다. 그러나 누구도 이 속에 숨어 있는 것을 묻지 않았다.

인간은 스스로 자신의 생각을 볼 수 있을까?
자신의 사고를 보는 것이 가능하다면, 어떤 계기로 자신의 생각을 볼 수 있을까?
장자는 당대 학자들이 도에 대해 가지고 있는 무의식적 판단의 실체를 규명하고자 하였다.

순임금이 승丞에게 물었다.
"도道를 자기의 것으로 소유할 수 있을까요?"
승이 말했다.
"그대의 몸조차 그대의 것이 아닌데, 그대가 어떻게 도를 소유할 수 있겠소!"
〈『장자』 지북유知北遊편〉

진정으로 도를 얻으면 자기가 사라진다. 사람들이 원하는 도가 과연 이런 도일까? 오히려 자신이 강해지는 길을 구하는 것은 아닐까? 장자는 도를 얻고자 하는 사람들의 지성知性에 묻고 있다.
깨달음을 묻는 수행자들이 생각하는 도는 어떤 도일까? 깨달음은 얻어지는 것일까?

깨달음을 얻고자 하는 수행자는 아직 깨달음을 얻었다고 할 수 없다. 그러나 자신의 마음속에 이미 깨달음에 대해 규정하고 있는 것은 아닐까?

깨달음을 구하는 판단 속에 내가 깨달음을 얻는다는 사고가 있다면, 자아가 다시 일어나게 된다. 자아가 강해진 수행 속에 내가 사라지는 깨달음이 일어날 수 있을까?

나라는 사고가 수행자의 수행의식 속에 있는 한, 깨달음은 내가 깨달았다고 하는 그 무엇이며, 소유할 수 있는 그 무엇이며, 주고받을 수 있는 그 무엇이다. 깨달았다는 사람이 개인적으로 교만하거나 집단적인 사고를 하게 되는 것은 도를 소유할 수 있다는 의식이 수행을 규정하기 때문이다.

상다리를 빼가듯, 도는 그렇게 소유할 수 있는 것인지, 나아가 이런 생각이 과연 무아無我와 무상無常의 진리를 받아들인 마음인지 우리는 물어야 할 것이다. 조주 선사는 깨달음을 묻는 수행자에게 깨달음은 곧 상다리라고 대답했다. 그렇게 알아들으면 되느냐고 그 스님이 묻자, 조주 선사는 상다리를 빼가라고 대답했다. 이런 대답이 가능한 것은 이미 깨달음의 본질에 대한 깊은 이해가 있었기 때문이다.

세상은 소유와 차별을 추구하고 있다. 이 속에서 사는 우리의 마음은 현실의 제도와 체제를 무의식적으로 반영하고 있다. 이렇게 형성된 자아는 마치 병든 아이와 같이 끊임없이 관심과 애정을 구하고, 장난감을 찾듯 명예와 권력과 부를 추구한다. 수행자의 경우 나타나는 모양은 틀리지만, 차별과 소유를 구하는 성격은 유사하다. 남들이 옳다고 하는 목표를 추구하지만, 시간에 묶여 있다. 자아가 본래 없었던 것이지만, 이렇게 한 번 형성되면 없애거나 내려놓기 힘들다. 무아와 무상을 깊이 이해한 마음은 소유와 차별의 현실을 만났을 때 어떻게 행동할까?

우리 자신에게 이렇게 물어야 하는 것은, 지금 현실에서 선택하는 행동은 우리가 가지고 있는 총체적 의식의 결과이기 때문이다.

노 거사와의 문답

 종로3가 지하철 역사에 앉아 있는 노인들에게 차를 공양할 때, 흔히 듣는 말입니다.

"어느 교회서 나왔어요?"
"아닙니다. 우리는 불교신자입니다."
"나는 교회 다니는데……, 이거 받아도 되나?"
"드셔도 됩니다. 따뜻한 차 드시고 교회에 잘 다니세요."

"이거 누가 주는 거요? 알고나 먹읍시다.
예, 부처님이 주시는 겁니다.
아! 불교구만. 나도 불교 좋아해요."

"목사님인가 봐요?
아닙니다. 불교신자입니다.
그럼 어느 절에서 나왔어요?
절이 아니고요, 사명당의 집이라는 재가불자 단체입니다.
잘 마시겠습니다. 우리 같은 노인들을 위해 주니 복 받으세요."

"이거 그냥 주는 거지요?
예, 그냥 드리는 겁니다.
그럼 누가 돈을 대줘요?
우리 회원들이 내는 겁니다.
한두 푼도 아닌데 그렇게 할 수가 있나? 아무튼 잘 먹겠습니다."

그런데 이런 일도 있었습니다.
키가 작고 깐깐하게 생긴 노 거사님이 차를 받으면서 묻습니다.

"고맙기는 한데, 이거 누가 주는 거요?"
"부처님이 주시는 겁니다."
"죽은 부처가 무슨 차를 준단 말이요?"

저를 쳐다보며 말 안 되는 소리를 한다고 휙 돌아서 가는 노인이 있었습니다. 그분이 한 말씀이 틀린 말은 아닙니다만, 그러나 죽은 부처가 산 사람에게 차를 주는 도리가 있습니다.
옛 사람은 이렇게 노래를 했습니다.

"가없는 허공에 한 구절이 나타나니
거북 털 토끼 뿔이 하늘 땅에 가득하다."
(無邊虛空 一句來 龜毛兎角滿乾坤)

'살아 있는 자식은 불효를 저지를 수 있지만, 눈에 보이지 않는 부처가 도리어 차를 대접하는 도리가 있습니다.' 그 노인께 드리고 싶은 말씀입니다.

그러나 아무리 보시를 베풀어도 한 번도 베푼 것이 없는 도리가 불교 집안의 도리입니다. 따지고 보면 이런 말도 모두 한 방망이 얻어맞는 말입니다.

천 길 낭떠러지에서 손을 놓다

 세존께 외도가 와서 물었다.
"말로서도 묻지 않고, 말 없음으로도 묻지 않겠습니다."
세존은 그대로 앉아 있었다.
이에 외도가 찬사를 올렸다.
"세존께서 대자대비로써 저의 어둠의 구름을 걷어주시어,
저를 깨달음의 세계로 들게 하셨습니다."
말을 마치고 예를 갖추어 절을 하고 물러갔다.
뒤에 아난이 세존을 찾아가 물었다.
"저 외도가 무엇을 깨쳤기에 저렇게 찬탄하고 갑니까?"
세존이 말하였다.
"세간의 뛰어난 말은 채찍 그림자만 보고도 달리는 것과 같다."

무문선사가 평했다.
"아난은 부처님의 제자인데도 도리어 외도의 견해만 못하구나.
자 어디, 말해 보라. 외도와 불제자의 거리가 얼마나 먼가?"

무문선사는 노래했다.
"칼날 위를 걷고
얼음의 모서리를 달린다.
계단이나 사다리를 지나지 않고
낭떠러지에서 잡은 손을 놓았네."

〈『무문관』제32칙 外道問佛〉

  깨달음은 문자 그대로 스스로 경험하는 것을 뜻한다. 깨달음은 언어로써 표현할 수 없고, 말로 전할 수 없다. 만약 깨달음을 언어로 표현할 수 있다면, 언어로써 진리를 경험할 수 있을 것이다.
  그러나 언어는 이미지나 의미를 전달할 뿐 사실 자체를 경험하게 할 수 없다. 그러므로 언어로써 아무리 깨달음을 설명하더라도 듣는 사람은 의미나 이미지만 전달받을 뿐, 그 이상을 경험할 수 없다. 물을 마신 사람이 그 느낌을 남에게 설명하더라도 상대방에게 그 물맛을 경험하게 할 수는 없다. 그러므로 만약 누가 설명만으로 물맛을 경험했다고 말한다면, 그는 판단오류, 즉 미망에 빠져 있다고 해야 할 것이다. 그러나 물맛에 대해 설명을 들은 사람이 자신은 언어의 의미나 이미지를 통해 간접적인 이해를 하고 있다고 생각한다면, 그는 자신의 인식에 대해 스스로 올바른 판단을 하고 있다고 할 수 있다.

깨달음을 언어로 표현할 수 없다면 깨달음을 어떻게 물어야 할까? 침묵으로 깨달음을 전할 수 있을까?『무문관』은 남송시대 무문혜개(無門慧開, 1183~1260) 선사가 당시 내려오는 공안 중 48개를 모아 평과 송을 붙인 책이다. 이 중 제32칙 외도문불(外道問佛 - 외도가 부처님에게 묻다)은 이 문제를 다루고 있다. 외도란 불교 이외의 다른 종파의 수행자를 뜻한다.

외도가 부처님께 물었다.

"언어를 사용하여 진리를 묻지 않고, 침묵으로도 진리를 묻지 않겠습니다.
그럴 때 진리(법)의 왕이신 세존께서는 어떻게 진리를 설명하시겠습니까?"

질문을 받은 세존은 그 자리에 가만히 있었다. 외도의 물음에 대해 부처님은 가만히 앉아 있었으니 겉으로 볼 때 침묵한 것이라고 볼 수 있다. 그런데 외도의 대답이 우리를 놀라게 한다. 말과 침묵을 떠나 진리를 말해 달라고 청한 외도가 오히려 부처님의 침묵을 이렇게 찬탄하고 있는 것이다.

"세존께서 대자대비로써 저의 어둠(미망)의 구름을 걷어주시어, 저를 깨달음의 세계로 들게 하셨습니다."

이 소식을 들은 아난은 부처님을 찾아왔다. 아난은 부처님의 제자 중 부처님의 가르침을 가장 많이 들은 제자이다. 그는 부처님과 외도 사이의 문답을 전해 듣고 이해할 수 없었다. 외도는 말과 침묵을 떠난 가르침을 청했건만 왜 부처님은 침묵하셨는가? 더구나 침묵으로는 깨달음을 전할 수 없건만, 외도는 어떻게 깨달음에 들 수 있었는가?

아난의 질문을 받은 부처님은 아난에게 이렇게 말했다.

"세간의 뛰어난 말은 채찍 그림자만 보고도 달리는 것과 같다."

마부는 말을 달리게 하고 싶지만, 말은 아직 마부의 뜻을 모른다. 그래서 마부는 채찍을 사용한다. 채찍으로 때릴 때 그제야 말은 고통을 감지하고 달린다. 그러나 뛰어난 말은 채찍의 그림자만 보아도 달린다. 채찍을 들기도 전에 천리마가 달리듯, 외도는 침묵을 일으키기 전에 깨달았다고 부처님은 말씀하고 있다.

부처님의 제자인 아난은 부처님의 대답을 침묵으로 이해하고 있지만, 외도는 말로써 진리를 경험한 것도 아니요, 침묵으로 깨달음을 얻은 것도 아니다. 외도는 조용히 앉아 있는 부처님의 모습에서 무엇을 본 것일까? 설사 부처님의 침묵은 침묵이 아니라고 말해도, 스스로 자가당착과 궤변에서 헤매게 될 것이다.

무문선사는 외도와 아난에 대해 이렇게 평했다.

"아난은 부처님의 제자인데도 도리어 외도의 견해만 못하구나.
자 어디, 말해 보라. 외도와 불제자의 거리가 얼마나 먼가?"

아난은 부처님에게서 침묵을 보았지만, 외도는 부처님의 침묵을 달리 해석했기 때문이라고 이해한다면, 이 화두의 핵심과는 천리만리 멀어졌다고 할 수 있다. 침묵을 해석하는 것은 침묵을 또 다른 언어나 상징으로 보는 것에 다름 아니기 때문이다. 외도와 아난의 차이는 어디에 있을까?

무문선사는 이어서 이 화두의 핵심을 이렇게 노래하고 있다.

"칼날 위를 걷고
얼음의 모서리를 달린다.
계단이나 사다리를 지나지 않고
낭떠러지에서 잡은 손을 놓았네."

경전은 언어와 의미로 형성되어 있다. 의미와 상징으로 이루어진 경전공부가 도식적인 인식임을 받아들일 수 있을까? 학습을 통해 얻은 인식 속에 새로운 자아가 일어나지 않았는가? 수행자가 깨달음을 얻기 위해 언어와 침묵에 의존할 때, 학습의 한계를 받아들이지 않는 오만과 미망에 빠져 있다고 할 수 있다.

『선교석禪教釋』에는 서산대사와 교학승들이 토론한 내용이 있다. 『화엄경』을 가르치는 스님이 教와 禪의 차이에 대해 묻자, 서산대사는 교는 물고기를 잡는 그물과 같고, 선은 어망을 벗어난 구름 밖의 신룡神龍과 같다고 대답했다. 그러자 교학자 5, 6명이 분연히 얼굴색이 변했다.

선은 언어와 문자 자체를 문제 삼는 것이 아니라 언어와 문자에 의지하는 지성을 문제 삼고 있다. 무문선사는 언어와 침묵으로 진리를 가르치거나 배우는 것이 칼날 위를 걷고 얼음의 모서리를 달리는 것과 같다고 말한다. 수행자가 언어와 침묵에 의지할 때, 그는 칼날에 베이고 얼음 위에 미끄러질 것이다.

의미와 상징으로 이루어진 학습이 미망임을 진지하게 받아들일 때, 자신이 그동안 배우고 쌓은 모든 공부를 버리는 하심下心이 가능해진다. 하심은 깨달음에 관해 습득한 지식이나 분별을 내려놓는 것[放下着]이다. 그리하여 그동안 처음과 중간과 끝, 무명과 깨달음, 문 밖과 문 안, 법法과 법을 닦아 얻은 여러 경지 등 모든 계단이나 사다리를 놓아 버릴 수 있다. 그것은 마치 천 길 낭떠러지

넷째 마당 수행 한담 247

에서 붙잡고 있는 나뭇가지를 놓는 것과 같다. 깨달음을 얻기 위해 자신이 의지해 왔던 모든 방법이나 평생 쌓아온 수행을 버리는 것이다. 옛 선사는 이것을 가난뱅이의 밥그릇을 빼앗고 가난한 농부의 소를 빼앗는다고 표현했다. 수행과 공부에 대한 성취도 내려놓을 때, 나도 없고 닦아 얻은 것이 모두 공空한 삶을 살 수 있는 사고의 전환이 일어난다.

살면서 혼란이나 갈등을 경험할 때 우리는 문제를 규정하고 해결방법을 찾는다. 혼란이 심할수록 문제를 해결하는 방법과 전문가를 양성하는 데 힘을 기울인다. 노인문제는 노인복지전문가, 아이를 낳는 데는 출산전문가, 정치는 정치가, 죽을 때는 장례전문가, 경제는 경제전문가에게 맡겨야 하며, 가치관의 혼란을 느낄 때는 종교가나 철학자에게 귀를 기울여야 한다고 믿는다.

그래서 과연 우리 삶의 혼란이 진정되었는가?

몇 년 전 독일에서 온 거지성자 페터 노이야르 선생과 함께 지하철을 탄 적이 있었다. 페터 선생은 독일에서 집 없이 빌어먹고 사는 탁발 수행자의 길을 걷는 불자이다. 그는 지하철에서 구걸하는 우리나라 노인들을 보고 부럽다고 했다. 독일의 양로원은 그 어느 나라보다 노후를 잘 보장한다고 알려져 있다. 언론이나 티브이를 통해 보면, 독일의 양로원에는 노인들을 전문적으로 돌보는 의사와 간호사를 비롯하여, 노인 스포츠 전문가, 심리상담사, 노인 전문

영양사가 있어서 완벽할 정도로 노인들을 보호하고 있다. 그러나 독일의 보통 노인들은 양로원에 가는 것을 꺼린다고 한다. 삶이 무료하기 때문이다. 그래서 노인들은 빨리 죽더라도 차라리 가정에서 살기를 원한다. 페터 선생은 바로 이 점을 지적하며, 구걸하더라도 저렇게 마음대로 돌아다니는 것이 더 인간적이라고 말했다.

노인문제를 해결하기 위해 완벽한 양로원을 추구했지만, 정작 노인들이 가기를 꺼리는 모순을 어떻게 설명할까? 노인의 마음을 깊이 이해하기보다 방법의 완벽만을 추구한 결과가 아닌가? 사회적 복지와 복지수혜자인 인간이 서로 소외되고 있는 것이다.

전문가를 동원해 복지의 완벽을 추구하면서도 마음에 대한 성찰이 부족한 까닭은 어디에 있을까? 혹 인간을 기능적으로만 이해하고 있는 것은 아닌가? 인간을 기능적으로 이해하는 사람은 인생과 우주에 대한 꿈과 신비를 느낄 수 없다. 무료함과 단조로움은 닫힌 세계의 특징이다. 활발한 생명의 본성이 억압되면, 생명은 무기력과 슬픔을 느낀다.

언어와 침묵은 사람을 기르는 교육현장에서도 볼 수 있다. 학생들의 침묵을 요구하기 위해 교사는 매를 든다. 매는 체벌의 방법이다. 고통을 겪게 함으로써 침묵을 강요하는 것이다. 그러므로 학생들의 침묵은 고통에 대한 두려움에서 온다. 반대로 교사가 매를 들지 않고 침묵을 지킬 때, 학생이 조용해지기도 한다. 학생은 침묵을 또 다른 경고나 폭력으로 해석하기 때문이다. 강요된 침묵은 더 이상 고요함이라고 할 수 없다. 고요함 속에 두려움이 숨어 있기 때문이다. 학생은 진정으로 고요함을 경험할 수 없다.

교사가 침묵할 때 그 속에 폭력성이 없다면, 이때 학생은 진정한 침묵을 경험할 수 있다. 제자의 마음이 쉬어 고요함이 일어났을 때, 거기에는 더 이상 스승에 대한 두려움이 없다. 그 고요함 속에는 스승과 제자라는 관계의식마저 사라진 상태이다. 스승의 침묵에 의해 학생은 규범의식이 강화되는 것이 아니라 학생으로서의 자아가 쉬게 되는 것이다.

제자가 평화로워진 것은 스승의 침묵을 해석해서 얻은 것이 아니며, 두려움을 느껴서도 아니다. 진정한 침묵은 현실 교육에서 말하는 통제 수단으로서의 침묵과 다르다. 이른바 교육효과를 가져오는 침묵은 학생이 자신의 본분을 더욱 의식하게 만들기 때문에 마음이 쉬지 못한다.

규율에 집착할 때 오히려 자아가 강화되고, 자아가 강해질수록 세상과 자신을 분리하게 된다. 세상과 분리된 자아는 이웃과 일체감을 가질 수 없다.

교사와 학생 또는 스승과 제자라는 관계의식이 사라졌다고 해서 무질서해진다고 할 수 없다. 오히려 권리·의무·도덕적 복종 등

규율이 요구하는 의식意識이 강해질수록 벌칙과 체벌이 늘어난다. 이 모순을 받아들일 때, 학생과 교사 사이에 소통이 가능해질 것이다. 진정한 침묵 속에는 자아가 사라져 규범으로 재거나 평가할 수 없지만, 해탈과 평화에 대한 깨달음을 가져온다.

 달을 보이기 위해 손가락으로 달을 가리키지만, 손가락은 달을 설명할 수 없다. 손가락에 대해 아무리 많이 안다고 해도 달을 아는 것이라고 할 수 없다. 그러나 우리의 지성은 손가락과 달을 혼동하고 있다.
 경전공부와 수행은 언어문자와 침묵에서 출발한다.『무문관』제32칙 '외도가 부처님에게 묻다'는 경전공부와 수행 속에 은폐되어 있는 수행의식을 성찰하고 있다. 그 속에는 수행자 자신도 모르게 형성된 깊은 비밀이 숨어 있기 때문이다.

다섯째 마당

불자로서 살아가기

노숙자와 인문학

2007년 1월 16일 성공회대학교 성미카엘 성당에서 노숙인 11명이 인문학 과정을 수료하고 수료증을 받았다. 이들은 성공회에서 마련한 철학과 문학, 그리고 문화체험 등의 인문학을 공부하고 마침내 수료증을 받은 것이다.

노숙인들은 한결같이 인문학을 공부하고 자원봉사 활동을 했던 지난 8개월이 인생의 큰 전환점이 됐다고 말했다. 노숙자들에게 인간의 존엄성을 일깨우는 이런 새로운 시도는 이미 프랑스에서 몇 년 전부터 시행하기 시작하여 좋은 성과를 거둔 새로운 자활프로그램이다.

노숙인은 엄밀한 의미에서 부랑자와는 다르다. 아이엠에프 이후 우리 사회에 새로이 등장한 노숙자는 경제의 양극화 현상과 고도 산업사회에서 상대적으로 적응에 실패한 사람들이라고 할 수 있다. 정상적인 사람들이 노숙자로 추락하기까지 대개 2년에서 3년, 길게는 5년까지 걸린다고 한다. 직업을 잃거나 빚에 쫓겨 가정이 무너지는 과정에서 값싼 고시원을 드나들다가 결국 길에서 노숙하는 지경에 이르게 된다. 주위 사람들에게 손을 내밀다가 결국 좌절하는 과정에서 사회나 인간에 대한 신뢰를 접게 된다.

필자가 속해 있는 단체는 지난 2년간 노숙인 쉼터(사명당의 집)를 운영한 경험이 있다. 낮 동안 목욕과 옷을 세탁할 수 있게 하고, 점심과 차를 대접했다. 노숙인들은 쉼터에 들어오면 누가 그 단체의 주인인지, 또 무슨 이유로 자기들에게 이런 도움을 주는지 파악하려고 애쓴다. 그래서 우리가 무슨 종교인지 물어서 친근감을 나타내기도 하고, 때로는 우리 쉼터가 다른 곳보다 시설이 못하지만 찾아온다고 아부성 발언을 하기도 한다. 이런 행동을 하는 당사자의 마음이 어찌 편할 수가 있을까?

노숙자들은 사소한 일에도 매우 예민한 반응을 나타내기도 한다. 해서 비록 짧은 시간이지만 이런저런 눈치를 보지 않고 쉬기를 바라는 마음에서 우리들은 비록 설익지만 무주상보시를 실천하려고 애썼다. 쉼터를 출입하는 데 일체 조건을 내세우지 않았다. 그런데 노숙인들은 조건 없는 대접에는 서툴다. 처음에는 조건이 없다고 하지만 나중에 보면 그 속에는 엄밀한 의미에서 거래가 있는 경우를 많이 경험했기 때문이다. 한 끼의 밥이나 하룻밤 쉬는 대가로 종교를 믿어야 한다면, 곧 자신의 양식이나 영혼을 파는 것과 무엇이 다르겠는가? 쉼터를 무심으로 운영한지 대략 일 년이 지나면서 서서히 평화로움을 느낄 수 있었다.

인도에서 활동한 고 테레사 수녀는 거리에서 죽어가는 부랑인들을 데려와 편안한 죽음을 맞도록 도왔다. 알다시피, 인도는 힌두교 이외의 다른 종교에 대해서 저항이 거센 곳이다. 심지어 부처님도 힌두교의 한 성인으로서만 받아들이고 있다. 테레사 수녀에게서 발견하는 놀라운 점은 인도에서 활동을 할 때 포교를 하지 않는 것을 첫째 원칙으로 내세웠다는 것이다. 오히려 그로 인해 테레사 수녀의 사랑이 전 세계적으로 널리 퍼졌다고 할 수 있다. 진정한 포교가 어디에서 출발하는지 잘 보여준다.

사회적 부나 세금의 재분배를 통한 복지도 중요하지만 그것만으로 마음의 고통을 다 해결할 수는 없다. 앞의 성공회 사례는 불자들에게도 중요한 교훈을 준다. 노숙자가 길에 나앉게 될 때까지 겪은 미움과 불신, 자괴감에서 벗어나는 일이 무엇보다 중요하다. 불교는 인문학 이상으로 소유에 대한 성찰과 삶과 죽음에 대한 깊은 사색이 담겨져 있는 종교가 아닌가!

경전에는 어려운 사람들에게 도움을 주는 일과 깨달음으로 이끄는 법보시가 둘이 아님을 누누이 강조하고 있다. 사회에서 상처받은 사람들이 부처님의 가르침에 가까이 다가가 마음의 상처를 치유하는 일은 여전히 우리 불자들의 화두이다.

여수화재참사와 외국인노동자

2007년 2월 11일 여수출입국관리사무소에서 일어난 화재로 10명이 죽고 17명이 부상을 입는 참사가 일어났다. 이번 사고의 원인은 중국 국적을 가진 우리 동포가 불만을 품고 방화를 했기 때문이라고 추정되고 있다. 그 불만이 단순히 개인적인 것인지, 아니면 이주노동자들의 사회적 불만이 나타난 것인지 진지하게 검토되어야 할 것이다. 노동청의 발표에 의하면, 사상자 27명 중 8명이 임금을 제때 받지 못했다고 한다.

우리나라에 와 있는 이주노동자의 수는 약 40만 명이다. 이 중 불법체류자는 약 18만9천 명으로 추정되고 있다. 전체 이주노동자의 약 50퍼센트 수준이다. 우리 정부는 지난 2004년과 2005년 동안 약 6만 명에 달하는 이주노동자를 단속 추방했다. 20만 명이나 되는 외국인들이 불법체류자로 일하고 있는 현실은 우리 정부의 이주노동자 정책이 아직도 많은 문제를 안고 있다는 것을 반증하고 있다.

이주노동자들은 대개 거액의 소개료를 중간 브로커에게 주고 한국에 입국한다. 소개료가 크다 보니 주위에서 빚을 내서 마련하는 일이 많다. 이렇게 큰돈을 내고 들어왔더라도 법적으로 불법체류자 신분이어서 늘 불안하게 살 수밖에 없다. 설령 합법적으로 들어왔더라도 빌린 돈을 갚기 위해 정해진 기간이 지나도 귀국하지 않는 경우가 많다. 그러다 행여 불법체류자로 단속이 되면 당사자에게는 죽음과 같다. 붙잡혀 자기 나라로 추방되면 영영 빚을 갚을 길이 없게 되기 때문이다. 그래서 단속원이 나타나면 목숨을 걸고 달아나는 일이 비일비재하다. 도망을 하다 다치거나 죽어도 불법체류자이기 때문에 누구에게 호소할 길도 없다.

시민단체에서 단속 방법이 비윤리적이며 반인권적이라고 비난하지만, 법에 따라 불법체류자를 적발해야 하는 공무원들의 현실을 무시하고 일방적으로 매도할 수만도 없는 일이다. 부처님의 말씀대로 분노를 일으키는 비난은 분노를 불러올 뿐, 성찰과 공감을 가져오지 못하기 때문이다.

언론보도에 의하면 특히 여수참사에서는 불을 끄는 과정에서 실수와 허점이 많았다고 한다. 그러나 이 또한 외국인노동자를 경시해서 그렇게 되었다고 말할 수만은 없다. 대구지하철참사 때도 이미 겪었듯이, 아직 생명에 대한 배려가 깊지 못한 우리 사회의 한 단면을 여실히 보여주고 있다고 해야 할 것이다. 재발방지 약속을 하라거나 시설을 고치라고 소리를 높인다고 해서 모든 문제가 해결되는 것은 아니다.

우리 속담에 사흘 굶어 도둑 안 되는 사람이 없다는 말이 있다. 자기 나라가 살 만한 곳이라면 누가 빚을 지고 목숨을 걸면서까지 외국에 일하러 가겠는가? 여수 참사를 바라보며 불자의 한 사람으로서 안타깝게 생각하는 것은 어려운 이웃을 외면한 우리 자신의 업보를 바로 눈앞에 보는 것 같기 때문이다. 가난한 사람에게 보시하고 따뜻한 말을 전하며 그들을 돕고 처지를 함께하는 것이 곧 부처님이 가르치신 사섭법이 아닌가! 종교가 다른 나라의 사람들을 개종시키는 데 애쓰기보다, 어려운 나라 사람들의 고통을 이해하고 함께하는 자세는 불자만이 가질 수 있는 넉넉한 마음일 것이다.

불자로서 이주노동자를 위해 할 수 있는 일은 조금만 관심을 가지면 주위에서 쉽게 발견할 수 있다. 필자가 속해 있는 단체가 금년부터 추진하는 사업은 이주노동자들 중 한국에서 죽은 사람들의 유가족을 돕는 일이다. 네팔에 있는 유가족들을 방문해서 만든 보고서 '꿈과 악몽'(아시아인권문화연대 발간)에 의하면, 지난 20년간 우리나라에서 죽은 네팔 노동자의 수는 약 60명이다. 죽음의 원인이 분명하게 밝혀진 것도 있지만, 낯선 나라에서 졸지에 사고를 당하다 보니 사인이 제대로 밝혀지지 않은 것도 적지 않다. 이렇게 되면 본국에 남아 있는 유가족들은 평생 가난과 슬픔 속에 살게 된다. 네팔의 경우 한 학생이 고등학교를 다니는 데 필요한 등록금과 책값, 교복 등 학비는 모두 한 달에 6만 원 정도이다.

우리가 조금만 노력하면 어려움을 겪는 그들에게 한 줄기 자활의 빛이 되어 줄 수 있다. 드러나지 않고 시간도 걸리지만, 자비의 실천이야말로 여수참사와 같은 사고를 막는 장구한 대책이 되리라 믿는다. 국가나 종교, 피부색에 대한 차별이나 경제적인 우월감을 내려놓는 수행이 따를 때 자비가 온전해질 것이다.

불교신자의 감소

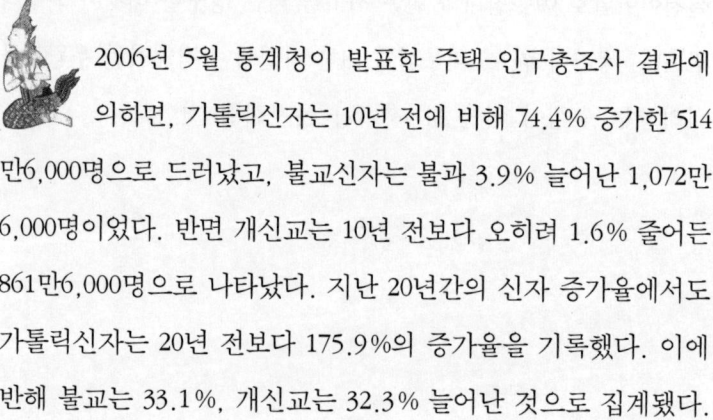
2006년 5월 통계청이 발표한 주택-인구총조사 결과에 의하면, 가톨릭신자는 10년 전에 비해 74.4% 증가한 514만6,000명으로 드러났고, 불교신자는 불과 3.9% 늘어난 1,072만6,000명이었다. 반면 개신교는 10년 전보다 오히려 1.6% 줄어든 861만6,000명으로 나타났다. 지난 20년간의 신자 증가율에서도 가톨릭신자는 20년 전보다 175.9%의 증가율을 기록했다. 이에 반해 불교는 33.1%, 개신교는 32.3% 늘어난 것으로 집계됐다.

불교인재개발원장 김응철 교수의 연구에 의하면, 20년 전인 1985년만 해도 가톨릭은 원불교 수준이었지만, 2005년에는 원불교의 10배로 성장했다. 사람들이 많이 모여 있는 대도시의 적재적소에

성당을 배치한 것이 가톨릭이 폭발적인 성장을 하게 된 원인이라고 한다. 서울시내 중 유일하게 불교신자가 개신교신자보다 많은 구는 동대문구이다. 그러나 서초구와 강남구, 양천구 등 이른바 포교의 노른자위 지역으로 평가받는 강남지역에서는 불교신자가 가톨릭신자보다도 적은 것으로 드러났다. 구룡사·능인선원·불광사 등 사찰이 있다고는 하지만, 강남지역에는 30만 신도의 대형교회가 셀 수 없이 많다. 김 원장의 설명 중 놀라운 점은 강남지역은 불교신도의 수평이동만 일으켰을 뿐 실질적인 불교신자의 증가가 이루어지지 못했다는 사실이다.

불교신자가 줄어드는 것은 꼭 이런 통계가 아니라도 동창회나 친척들이 모이는 곳에 가면 피부로 느낄 수 있다. 젊은 층에 가면 더욱 심각하다. 포교를 위해 새로운 패러다임을 만들어나가야 하겠지만, 그렇다고 타종교의 성장세나 메시지를 그대로 본뜬다면 속빈 강정이 되기 쉬울 것이다. 기복과 건물 짓기에 주력하는 것을 일방적으로 비판만 할 수는 없겠지만, 지난 10년간 개신교의 신도수가 줄어든 사실을 우리 불교계도 타산지석으로 받아들여야 할 필요가 있다.

불자수의 감소가 꼭 불교의 위기일까? 대중의 많고 적음이 종교의 성공을 가늠하는 척도일까? 미국 워싱턴에 있는 세이비어 교회는 1947년에 설립된 짧은 역사를 가진 교회지만 세계적인 주목을 받고 있다. 지난 50년 동안 교회 신도수가 150명을 넘지 않는 작은 교회지만, 연간 1,000만불 이상의 예산으로 지역사회에 봉사하고 있다. 규모가 작지만 미국에서 가장 영향력이 있는 교회로 손꼽히고 있다. 이 교회는 지역사회를 위한 봉사와 함께 침묵과 기도 등 신앙인으로서 영성 훈련을 철저하게 학습하고 실천하는 것이 특징이다.

가까운 일본도 기독교신자의 수는 신구교 합해 전 국민의 1% 미만이지만, 세계적인 신학자를 배출하고 봉사의 영역도 가히 전 지구적이다. 가난하고 힘든 사람들에게 손을 내미는 종교의 힘이 신도의 숫자에서 나오지 않는다는 사실을 잘 보여주고 있다.

불교계에서도 새로운 변화가 눈에 띄게 나타나고 있다. 그 중 서양악기로 불교음악을 연주하는 니르바나필하모닉 오케스트라는 젊은 층에 맞은 불교음악을 창작하고 연주하는 데 노력하고 있다. 현대음악을 통해 젊은 세대에게 불교를 접하게 하려는 것이 이 단체의 염원이다. 규모가 작은 이 단체의 후원회는 활동기간이 2년 남짓한데도 회원과 관객이 크게 늘고 있어 문화포교의 새로운 가능성을 보여주고 있다.

불자수가 감소하는 현상에 대해 먼저 우리 자신을 돌아볼 필요가 있다. 무엇보다 지知와 행行이 서로 괴리되고 있는 지금의 신행 현실을 냉철히 반성해야 할 것이다. 불자로서 늘 접하는 예불문에는 중생을 위해 자신을 버리는 보살의 서원이 수없이 강조되어 있다. 참선과 기도와 보살행은 우리 불교가 오랫동안 지켜온 훌륭한 전통이다. 그 속에는 자비를 실천하고 자신의 욕망을 깨닫게 하는 심오함이 있다. 이러한 전통이 지닌 수행의 의미를 살려 우리 이웃 속에서 새로운 실천의 당위를 발견해야 할 것이다. 예불 자체의 형식이나 규모에 몰두하여 신행이 현실도피의 한 방편이 되어서는 안 될 것이다. 단체나 건물의 규모도 중요하겠지만, 작더라도 자비와 수행을 몸소 실천하는 불자 모임을 만들어 가는 것이 참다운 해결책이 아닌가 생각한다. 불자수가 감소한다고 걱정할 것이 아니라, 이 위기를 참다운 불자를 양성하는 전화위복의 계기로 삼아야 할 것이다.

종로3가에서

일주일에 두 번, 화요일과 금요일은 종로3가 지하철 광장에 가는 날이다. 2시에 평소대로 우리는 차탁을 펼치고 가지고 온 커피와 둥굴레차를 준비했다. 우리가 온 것을 본 지하도 노 거사들은 길게 줄을 섰다.

한 5분쯤 지났을까? 정신없이 차를 타서 드리는데, 40대 정도 보이는 젊은 거사가 갑자기 앞을 막아서며 다짜고짜 커피를 달란다. 길게 늘어진 줄을 가리키며 줄을 서라고 했더니 인상을 잔뜩 쓰며 막무가내다. 보니 대낮에 이미 술이 취해 있다. 줄 앞에 서 있던 노인은 기가 차다는 듯 고개를 숙이며 웃는다. 앞에 서 있는 노인의 양해를 구하고 술 취한 사람에게 커피를 건넸다.

술 취한 거사는 옆에 서 있는 노인들을 외면하며, 우리 보고

한 마디 한다.

"이 노인네들은 알고 보면 다 잘 사는 사람들인데, 뭣 하러 커피를 준단 말이오. 이런 돈이 있으면 차라리 노숙자들에게 주시오. 집 없는 노숙자들이 더 불쌍한 사람들이오."

그의 눈은 증오에 차 있다. 금방이라도 손에 들고 있는 커피를 던질 듯한 기세다.

지하도에 몇 시간씩 앉아 있는 노 거사들은 그래도 집 없는 노숙자들보다 조금 낫다고 할 수 있을지 모른다. 우리가 차를 대접하는 노인들 중에는 조금 여유가 있는 분도 있을 것이다. 그러나 정작 여유가 있는 사람들은 앉을 곳 하나 변변하게 없는, 바닥이 차가운 지하도에서 무료하게 시간을 보내지 않는다. 지하도에 앉아 있는 분들은 탑골공원 주위를 배회하지만, 다방에서 차 한잔 마실 수 있는 여유가 없는 분들이다. 그냥 행색만 보아도 다 살기가 어려운 사람들이다. 차를 건네며 노인들의 손을 보면, 더욱 그렇다. 다섯 손가락이 다 성하지 못한 분들이 많다. 젊었을 때 험한 일을 한 까닭일 것이다.

술 취해 소리를 지르는 사람이나 지하도에 있는 노인들이 서로 멀다면 얼마나 멀까? 사람은 왜 자신과 고통을 함께하지 않는 사람들을 보면 증오가 일어날까?

술 취한 사람의 증오가 단순히 못 먹거나 밖에서 자기 때문에 일어났다고 할 수는 없다. 경제적 요인만 가지고 증오를 다 설명할 수는 없다. 달동네에 정이 더 많은 현실을 어떻게 설명할까? 80여 명이 콩나물처럼 배웠던 어린 시절, 우리는 한 교실에서 2, 30명이 배우는 선진국의 얘기를 들으며 부러워했다. 40여 년이 지난 지금 우리가 그렇게 되었다. 그렇다고 학생과 학생, 학생과 교사 사이에 흐르는 마음이 더 나아진 것일까?

다급한 것은 먼저 두려움과 증오에 눌려 있는 우리 생명의 힘을 회복하는 것이다. 자기 생명을 살리는 일에 계급적인 장벽을 앞세우거나 사회의 변화가 우선해야 한다고 말하는 것은 자신의 삶에 대한 피상적인 태도가 아닐까? 두려움과 증오에서 벗어나기 위해서는 먼저 두려움과 증오에 고통받는 자신의 생명에 대해 깊은 관심을 가져야 할 것이다. 눌려서 끙끙거리는 생명에 대해 창문을 활짝 열고 숨을 쉬는 태도로 다가가야 할 것이다.

자신에게 일어나고 있는 고통은 외면할 수는 있어도 사라지게 할 수는 없다. 관념이나 지식은 사람의 내면을 변화시킬 수 없다. 생명에 대한 해석이나 마음에 대한 심리학적인 지식은 도식적인 이해를 도울 뿐이다. 버스나 지하철에서 노인이 앞에 서 있는데도 눈을 감고 있는 것은 노인 공경을 못 배워서 그러는 것은 아니다.

참된 인식은 몸 전체를 통해 얻어진다. 마치 어두운 밤길에서는 온몸의 감각을 열어 길을 걷는 것처럼, 생명의 고통을 탐구할 때 두려움과 증오에 눌려 있는 생명의 전체적인 현실을 볼 수 있을 것이다. 참된 인식은 스스로 선택과 행동을 낳는다. 자비가 어찌 훈련이나 연상을 통해 일어나는 것일까?

불교단체의 봉사가 남다른 점

다음 법문은 『화엄경』 보현보살행원품 중 공덕을 따라 기뻐하는 품隨喜功德品에 나오는 구절입니다.

"모든 부처님께서는 크게 슬퍼하는 마음을 바탕으로 삼으셨다.
그러므로 중생으로 인하여 큰 슬픔을 일으켰다.
큰 슬픔으로 인하여 깨달음을 얻겠다는 마음을 냈다.
깨달음을 얻겠다는 마음으로 인하여, 위 없는 바른 깨달음을 얻으셨다."

"깨달음은 중생에게 속해 있는 것이니, 만약 중생이 없다면, 모든 보살들이 끝끝내 위 없는 바른 깨달음을 이룰 수 없다."

대비심大悲心은 모든 뭇 생명의 고통을 보고 일으키는 깊은 연민입니다. 보현보살은 말씀합니다.

"모든 부처님들이 깨달음을 얻은 것은 그 앞에 중생의 고통에 대해 크게 슬퍼하는 마음이 있었기에 가능했다."

보현보살의 이 법문은 새겨 볼수록 놀라운 가르침입니다. 사실 깨달음을 얻는 길에 대해서는 여러 수행단체의 스승들이 남긴 가르침이 많습니다. 그러나 요사이 고도의 명상이나 복잡한 이론에 익숙한 수행자들에게 크게 슬퍼하는 마음이 없으면 올바른 깨달음에 이를 수 없다고 말하는 『화엄경』의 가르침이 과연 받아들여지기 쉬울까요?

석가모니 부처님은 일찍이 '나와 나의 것'에 대한 욕망과 집착이 뭇 생명이 당하는 고통의 원인이라고 말씀했습니다. 내 것에 대한 욕망과 집착이 함부로 생명을 해치며, 주지 않는 것을 빼앗으며, 거짓말과 이간질을 만들고, 성에 대한 폭력을 일으키며, 승리와 쾌락을 위한 음주를 낳습니다. 중생이 안고 있는 고통에 큰 연민을 일으킬 때, 보시바라밀을 필두로 지계·인욕·정진·선정·반야바라밀 등 여섯 바라밀을 실천할 수 있습니다. 이 길을 실천할 때 부처님이 얻으신 위없는 깨달음에 이를 수 있다고 『화엄경』은 강조하고 있습니다.

무상無常과 무아無我 그리고 일체가 모두 공空하다는 부처님의 가르침을 배워도 중생의 고통을 슬퍼하는 큰 자비가 밑바탕이 되어야 온전한 깨달음을 얻을 수 있다고 대승경전은 우리에게 가르치고 있습니다. 중생의 고통을 보고 슬퍼하는 마음이 없이 부처님의 가르침을 배우거나 닦으면, 현실과 동떨어진 독선적인 태도를 낳거나 관념적인 지식이나 알음알이를 깨달음으로 여기기 쉽기 때문입니다. 저의 좁은 경험으로 볼 때, 이런 수행태도에서 흔히 볼 수 있는 공통점은 타인에 대한 무관심입니다.

뭇 생명의 고통과 자비에서 출발하지 않고도 깨달음을 얻을 수 있다고 한다면, 그 깨달음은 적어도 부처님의 위없는 깨달음이 아니라고 『화엄경』은 분명하게 말하고 있습니다. 『화엄경』의 가르침대로 자신이 생각하는 수행에 과연 중생에 대한 연민이 있는지 물어야 할 때입니다. 슬픔이 없으면 깨달음도 없다고 말하는 가르침은 지금 우리 현실에도 여전히 뼈아픈 경책입니다.

일반 시민단체나 복지단체에서는 활동의 규모가 중요할지 모르지만, 불자들에게는 마음을 살피는 수행이 근본입니다. 불교단체의 활동에는 특히 하심下心이 중요합니다. 마음을 낮출 때 관용과 화합이 이루어집니다. 봉사활동이라도 자신을 높이는 마음이 있으면 남과 경쟁하느라 늘 바쁘고, 각박하게 마음을 쓰게 됩니다. 그러나 자신을 높이는 마음은 언제나 조직을 위해서 또는 활동을 더 잘하기 위해서라는 명분을 밖으로 내세우기 때문에, 마음 공부하는 사람이라면 특히 경계해야 합니다.

불교에서 말하는 하심은 단순히 겸손한 마음을 의미하는 것은 아닙니다. 겸손은 타 종교에도 다 같이 말하는 덕목입니다. 불교에서 말하는 하심, 특히 깨달음에 이르는 하심은 무엇일까요?

늘 봉사활동을 하더라도 주는 사람도 없고 받는 사람도 없는 마음이 곧 불교의 겸손입니다. 따라서 불교단체의 활동은 곧 깨달음에 이르는 수행입니다. 자비심을 놓치지 않고, 겸손을 지키며, 보시를 통해 만나는 사람들 모두 부처님의 깨달음에 이르기를 서원하는 것, 이것이 불교단체의 수행이 되어야 한다고 생각합니다.

무재삼시 無財三施

보시는 남에게 베푸는 것이다. 전통적으로 보시는 법보시와 재보시로 나눈다. 법보시는 부처님 말씀을 전하는 것이고, 재보시는 가난한 사람들에게 먹을 것과 입을 것, 그리고 잘 곳을 제공하는 것이다.

대승불교에서는 특히 보시를 강조한다. 육바라밀(보시·지계·인욕·정진·선정·지혜바라밀) 중에서 맨 처음에 나오는 것이 보시바라밀이다. 대승불교는 보시 자체를 통해 깨달음에 이르는 길을 제시했다. 무주상 보시는 내가 과보를 받는다는 생각을 버리고 남에게 베푸는 보시이다. 무주상 보시를 실천할 때 행복과 깨달음이 온다고 말한 대승불교의 가르침은, 보시를 단순히 다음 생을 위해 복을 짓는다고 생각한 당대의 재가불자에게는 놀라운 소식이었다.

자신이나 자신이 속한 집단을 위해서 베푸는 사람들은 많다. 이때 그 사람들의 마음속에는 무엇이 일어날까? 그런 마음이 '자아' 나 '에고'의 범주에서 한 치라도 벗어날 수 있을까? 축구경기에서 이기게 해달라고, 혹은 골을 넣을 때마다 기도하는 사람이 과연 남을 조건 없이 사랑할 수 있을까? 종교와 축구가 그 성격이 같은 것일까? 이 양자를 동일시하는 이면에는 어떤 의도가 도사리고 있는 것일까? 사랑과 자비를 내세우는 종교끼리 서로 비난하고 싸우고 심지어 목숨까지 죽이는 현상을 볼 때, 종교의 본질이 무엇인지 묻게 된다.

이러한 의문들에 천착할 때 무주상 보시가 왜 평화를 가져오는지, 그리고 왜 깨달음의 길로 이끄는 수행인지 이해할 수 있다.

지금 세상은 2,000년 전과 사는 것이 많이 다르다. 우리가 지금 살고 있는 사회를 살펴보면, 체제에 관계없이 사람들이 쫓기는 듯 살아가는 것은 다 비슷하다고 할 수 있다.

신문에는 직장인 중 60퍼센트가 위궤양·속쓰림·변비·설사 등 소화기성 장애나 화병·불면·만성피로 등 스트레스성 질환을 앓고 있다고 전한다. 그리고 일류 외국어고등학교 학생이 한 달 사이에 2명이나 자살을 택했다는 충격적인 소식을 전하고 있다. 사람을 몰아대는 사회의 부작용을 피부로 느낄 수 있다.

어디 그뿐인가?

직업 선택은 자유라고 하지만, 아침에 기쁜 얼굴로 출근하는 사람을 보기 어려운 까닭을 어떻게 설명해야 할까? 무엇이 우리를 이렇게 몰아대는 것일까?

티브이를 비롯해 모든 매체는 우리에게 마음을 보지 말고 광고를 보라고 아침저녁으로 타이른다. 광고에서 요구하는 대로 물건을 사면 행복해진다고 말한다. 우리는 모두 소비할 수 있는 동안만 사람 취급을 받는다. 소비는 소유를 해야만 가능하고, 소유는 의도를 일으킬 때 가능하다. 우리의 마음이 소유할 대상을 추구하는 한, 삶과 죽음을 넘어서는 탐구를 꿈꿀 수 없다.

쫓기는 사람에게 언제 자신을 돌아볼 여유가 있겠는가?

소유와 소비를 추구하는 사회는 개인의 존재를 강조한다. 내 집, 내 차, 내 피시, 내 통장, 내 개성, 내 업적 등 이 모든 것을 갖추어야 할 목표로 내세운다. 그래야 더 소비할 수 있기 때문이다. 소비를 하거나 소유를 해서 행복해진다면, 실상 마음을 보아야 할 이유가 없다. 그러나 현실에서 끊임없이 일어나는 삶에 대한 회의와 외로움을 무엇으로 설명할 수 있을 것인가?

이 문제에 대해 깊은 성찰이 없다면, 마음공부가 겉돌기 쉽다.

외로움이 일어날 때, 그 갈등의 뿌리를 이해하려고 노력하는 것이 살아 있는 마음공부라고 할 수 있다. 외로움은 고통이지만,

물질을 추구하는 우리 삶의 한계를 일깨워주는 우리 마음이 보내는 신호이다. 마음과 마음이 서로 통하려면 우선 마음속에 우러나오는 이야기를 함께 말하고 듣는 일이 절대적으로 필요하다.

재물이 없어도 누구나 할 수 있는 보시가 있다. 이것을 무재보시無財布施라고 한다. 무재보시에는 7가지가 있는데, 가장 대표적인 것이 언시言施와 화안시和顔施이다. 부드러운 말과 웃음 띤 얼굴이야말로 재물 없이 할 수 있는 보시 중 최고의 보시라고 할 수 있다.

하면, 지금 우리가 사는 사회에는 어떤 보시가 필요할까? 다음 세 가지 새로운 무재보시를 제안하고 싶다.

첫째는 경청시傾聽施이다.

경청시는 남의 말에 귀를 기울여주는 보시이다. 자기 생각을 잠시 내려놓고 상대방의 말에 귀를 기울이는 태도야말로 자비의 태도이다. 소외와 경쟁의 이 시대에 누가 남의 말에 귀를 기울일 것인가? 그래서 더욱 불자가 실천해야 할 보시라고 생각한다.

둘째는 발언시發言施다.

발언시는 남에게 말할 기회를 주는 보시이다. 부처님은 나와 남이 없고 일체법이 없다고 설하셨다. 무아無我와 공空의 진리를 깊이 성찰하는 불자라면 모임에서 자기 이야기만 계속하는 태도를 내려놓고, 자기가 말할 기회를 남에게 보시할 수 있을 것이다.

마지막으로 공의시公義施이다.

공의시는 자기의 관심사가 아니더라도, 대중이 관심을 갖는 주제를 모임의 대화로 받아들여주는 보시이다. 모임에서 보면 자기에게 관심있는 주제만 끝없이 말하는 사람들이 있다. 이런 태도는 대중과 화합하는 자세라고 할 수 없다.

불법승 삼보 중 승僧의 뜻은 화합이다. 불자라면 대중의 주제를 자신의 관심사로 받아들여주는 화합의 태도가 필요하다. 그럴 때 대중들이 모두 공통의 관심사를 서로 나누며 생기를 회복할 수 있을 것이다.

종교의 역할 중 큰 것은 사람이 어떻게 사는지 스스로 얼굴을 비추어 볼 수 있게 하는 것이다. 들어주고, 말할 기회를 주고, 주제를 내주는 보시는 무주상 보시이자, 동시에 마음을 보는 공부라고 할 수 있다. 사람들 사이에 교류가 일어날 때 소외와 경쟁의 마음이 쉴 수 있다.

기쁨과 깨달음은 무주상 보시가 가져오는 위없는 미덕이다.

김광하

법명 여운如雲. 1953년 생.
연세대학교 경영학과를 졸업했으며,
재학 중에는 자유교양회와 불교학생회에서 고전을 접했다.
강지천姜智天 선생의 가르침으로 선도仙道에 입문하였고,
대학 재학 중 구본명具本明 교수의 노장철학과 홍정식 교수의
원시불교론 강의를 들었다.
졸업 후 직장생활을 하다 부산 보림선원寶林禪院
백봉白峰 김기추金基秋 선생 문하에서 불법佛法을 공부했다.
이후 무역업에 종사하면서, 불교경전과 노장을 읽어 왔다.
현재 본업 외에 불교인권복지단체 '작은 손길'에 관여하고 있다.
저서로는 『금강경과 함께 역사 속으로』, 『무문관無門關 강송』,
『금강경-깨달음에는 길이 없다』, 『노자 도덕경』이 있으며,
편저로 외국인 노동자를 위한 불교안내서인
『Buddhist is your friend』가 있다. 2002년부터 2003년까지
격월간 〈인드라망〉(인드라망생명공동체 발간)에
'경전산책經典散策'을 연재하기도 했다.
E-mail : khdoy@hanmail.net

길 위의 삶, 길 위의 화두

초판 1쇄 인쇄 2007년 8월 27일 | 초판 1쇄 발행 2007년 9월 5일
지은이 김광하 | 펴낸이 김시열
펴낸곳 운주사 (136-036) 서울 성북구 동소문동 6가 25-1 청송빌딩 3층
전화 (02) 926-8361 | 팩스 (02) 926-8362
ISBN 89-5746-192-1 03220   값 9,500원
http://www.buddhabook.co.kr